1

Das Vermächtnis des Fritz Lindt

Impressum

© Copyright 2008 Vera Reinhardt-Glahn
Deutsche Erstausgabe 2008
Titelbild: Vera Reinhardt-Glahn
Gestaltung: Vera Reinhardt-Glahn
Überarbeitung: Vera Reinhardt-Glahn
e-mail: veraglahn@t-online.de
Tel.: 02432-892660

Printed in Germany
Herstellung und Verlag:
Books on Demand GmbH, Norderstedt
Gutenbergring 53
D- 22848 Norderstedt
Tel.:040-53433511

ISBN: 978-3-8370-8591-4

Das

Vermächtnis

des

Fritz Lindt

Der Autor

Fritz Lindt

Vorwort

Dieses hier vorliegende Buch wurde von meinem Großvater in den Jahren von 1953 bis 1955 geschrieben. Dieses Manuskript, das irgendwann einmal zur Veröffentlichung bestimmt war, lag nun seit 54 Jahren unbenutzt, aber dennoch gut verwahrt in unserer Bibliothek.

Jetzt ist es wohl an der Zeit, dieses Material, das erstaunlicherweise in 54 Jahren nichts an seiner Aktualität verloren hat, endlich zu publizieren.

Mein Großvater ließ dieses Manuskript, damals von einer befreundeten Nachbarin mit ihrer Schreibmaschine abtippen, damit dieser hier vorliegende Text auch noch für die Nachwelt erhalten blieb.

Fritz Lindt war ein Freidenker. Mit seinen zur damaligen Zeit sehr revolutionären Gedanken, stieß er nicht immer auf offene Ohren und nur selten auf offene Gemüter.

Wahrscheinlich oder gerade deshalb ist es erst jetzt soweit, daß die Veröffentlichung doch 54 Jahre warten musste.

Es war ihm sehr wichtig, daß in diesem Manuskript nichts verändert wird. Deshalb habe ich es auch unterlassen Kommata einzufügen geschweige denn, die neue Rechtschreibung. Dem Leser sei hiermit gesagt: auch wenn ein Satz mal etwas holprig oder schwierig zu verstehen erscheint, so hat wohl dieser Satz eine tiefe Bedeutung, welche auf den ersten Blick vielleicht nicht sofort zu erkennen ist. Dann sehen sie sich bitte herausgefordert, den tieferen Sinn für sich selbst zu entschlüsseln und betrachten sie dies als ihr persönliches Abenteuer.

Auch wenn dieses Buch auf dem ersten Blick so erscheint als wäre es ein esoterischer Rundumschlag, weil es Themen behandelt wie Leben und Sterben, Reinkarnation und Träumen,

Liebe und Haß, Himmel und Hölle, ist es weder ein esoterisches Buch noch ein Buch, das Passagen aus der Bibel erklärt. Vielmehr ist es das Leben, ja gerade ihr Leben, welches dieses Buch erklärt.

Herausgeberin

Vera Reinhardt-Glahn

Wir sind auf Erden,

um Gott zu erkennen,

ihn zu lieben,

ihm zu dienen

und dadurch in den

Himmel zu kommen!

Die Bibel ist das Wort Gottes.

Sie gibt uns in ihrer heiligen Schrift die Richtung an, die zu dem lohnendsten aller Ziele führt - zu Gott -.

In der heiligen Schrift hat Gott uns die allerköstlichsten Perlen so dünn verstreut, daß Christus uns anhält, diese für unser Seelenheil zu suchen.

Es ist dies die geheime göttliche Offenbarung, die ein Gottesleugner und Spötter niemals finden wird. Ein demütiger Gottsucher jedoch wird von ihr sobald er aufrichtigen Gemütes Gott um wahre Erleuchtung bittet, wie von einem Goldregen damit überschüttet.

Es ist gewissermaßen ein ganz kleiner Einblick durch eine schmale Ritze in die unermessliche Schatzkammer der göttlichen Liebe, in die uns Gott ganz allmählich einführen möchte, in dem er uns von Stufe zu Stufe dafür reif macht, und zwar immer in dem Maße wie wir es uns ehrlich verdienen»

Der Verfasser:

Fritz Lindt

Gott ist jener Geist unendlichen Lebens und unendlicher Macht, der sich durch alles bestätigt, aus dem alles hergekommen ist und fortwährend alles herkommt. Wenn es also ein individuelles Leben gibt, so muß notwendig auch eine unendliche Quelle da sein, aus der dieses Leben stammt. So ist es auch mit der Kraft der Liebe, der Weisheit, des Friedens und überhaupt auch allem, was wir mit dem Namen „materielle Dinge" bezeichnen.

Diese unendliche Macht „Gott" schafft, wirkt und herrscht durch die Tätigkeit großer unveränderlicher Gesetzte und Kräfte.

Wir haben unser Leben von Gott empfangen und empfangen es noch fortwährend von ihm (in ihm leben und weben und sind wir). Dadurch haben wir teil am Leben Gottes.

Obwohl wir uns dadurch von ihm unterscheiden, daß wir endliche Einzelwesen sind, während er der unendliche Geist ist, der uns und alles einschließt, so sind doch das Leben Gottes und das Leben des Menschen ihrem Wesen nach identisch. Nur ist der gewaltige Unterschied ein Unterschied des Grades.

In demselben Maße der Mensch sich dem Einströmen göttlichen Geistes öffnet, kommt er Gott näher. Daraus folgt notwendig, daß er in demselben Maße auch Gotteskräfte an sich nimmt. Da nun die Gotteskräfte schrankenlos sind, wächst der Mensch in sie hinein in dem Maße wie er sie kennen lernt.

Das Meer kann unendlich viele Teiche füllen und bleibt doch unerschöpflich; jedoch ist jeder einzelne Wassertropfen mit dem Meer identisch. (Gradunterschied)

In dem Maße wir uns für die göttlichen Offenbarungen aufschließen, die alle großen Propheten, Seher und Weisen der Weltgeschichte empfangen haben, in demselben Maße verbinden wir uns mit der Quelle der höchsten Kräfte, welche dann durch uns hindurchgehen zu wirken und sich kundzutun.

Wir können uns natürlich auch gegen diese höchsten göttlichen Kräfte verschließen (wie es die meisten Menschen tun), dann werden wir allerdings niemals mit der Erkenntnis und Einheit des unendlichen Lebens in Einklang kommen und somit auch niemals ein Gottmensch werden.

Hiermit ist gemeint, daß ein Gottmensch Einer ist, in dem sich die Kräfte Gottes kundtun, obwohl er immer noch ein Mensch ist.

Unwissenheit über das höhere geistige Leben ist ein gefährlicher Faktor, welcher den meisten Menschen nur ein kleines zwerghaftes und verkümmertes Dasein verleiht, (bloß) weil sie das größere Leben nicht erkennen, zu dem sie berufen sind; zur Erkenntnis der wirklichen Wesenseinheit mit Gott.

Alles ist durch Gottes Geist erschaffen:

Alles existiert erst im Reiche des Unsichtbaren, ehe es wirklich wird; und in diesem Sinne ist es wahr, daß das Unsichtbare das Wirkliche ist, während das Sichtbare keine

Wirklichkeit hat. Das Unsichtbare ist Ursache und das Sichtbare Wirkung; was unsichtbar ist, das ist ewig, was aber sichtbar ist, das ist veränderlich und zeitlich. ---

Gedankenfreiheit oder die Anziehungskraft des Geistes wird im Menschen durch das göttliche Gesetz geregelt (Gleiches zieht Gleiches an). Also die Gedanken ziehen wir an, die uns am verwandtesten sind. Aus den guten Gedanken folgt die gute Tat, aus den bösen das Böse.

Durch gute Gedanken werden gute, mächtige Einflüsse in Wirksamkeit gesetzt und die niederen Einflüsse abgesperrt.

(Siehe Matth. 18:3) Wenn Jesus Christus sagt: „Der Mensch lebt nicht vom Brot allein, sondern von einem jeglichen Wort, das aus dem Munde Gottes kommt"; so ist damit die große Wahrheit ausgesprochen, deren weittragende Bedeutung wir erst allmählich zu verstehen beginnen.

Er sagt hier, daß sogar das leibliche Leben nicht allein durch Nahrung erhalten wird, sondern, daß unsere Verbindung mit der unendlichen Lebensquelle ganz bedeutenden Einfluß auch auf das Leben und die Tätigkeit unseres Körpers ausübt. – „Selig sind, die reinen Herzens sind, denn sie werden Gott schauen" (Matth. 5:8) heißt, daß diejenigen, die in allem und überall nur Gott erkennen, Gott auch wirklich schauen (siehe auch Matth. 4:4).

Wenn Jesus Christus uns das Gebot gab: „Ihr sollt niemand Vater heißen auf Erden, denn einer ist euer Vater, der im Himmel ist", so hat er uns damit die wahre Grundlage für seine große Idee von Gott als dem Vater gegeben.

Und wenn nun Gott der Vater aller Menschen ist, so haben wir wiederum damit die wahre Grundlage, daß alle Menschen eine Bruderschaft sind. Daraus folgert nun die große Wahrheit, daß die Einheit von Mensch und Gott und damit wiederum die Einheit des ganzen Menschengeschlechtes besteht. - Wenn wir diese Wahrheit erkennen, dann wird uns deutlich, daß wir, in dem wir Gott näher kommen, dazu beitragen, daß alle Menschen zu Gott näher gehoben werden.

Wenn wir die große Wahrheit, daß es nur eine große Weltreligion gibt, und dieser goldene Faden, der durch alle Religionen geht, in uns mitherrschen lassen, so werden wir alle Menschen als Kinder eines Vaters ansehen und somit keine Vorurteile für andere

Konfessionen (mehr) haben; ja dann werden alle diese lächerlichen Torheiten durch ihre eigene Unbedeutsamkeit in uns verschwinden. Denn Gott sagt: „Bin ich nicht der Vater aller Menschen?" und Paulus sagt: „Ist nicht Gott auch ein Gott der Heiden?" Der Jude kann in einem katholischen Dom, der Christ in einer jüdischen Synagoge, der Buddhist in einer christlichen Kirche und ebenso der Christ in einem buddhistischen Tempel Gott anbeten. Alle können ebenso gut zu Hause oder auf den Bergen, im Wald, bei der Arbeit, kurz überall im täglichen Leben, im Schlafen und im Wachen Gott anbeten. Zu wahrhafter Anbetung braucht der Mensch nur Gott und die Seele. Es hängt nicht von Ort, Zeit und Gelegenheit ab. - Gott und Mensch können zu jeder Zeit und an jedem Ort sich zusammenfinden. Trotzdem gibt es vieles, worüber sich niemals alle Menschen einigen können. Immer jedoch soll die Kirche uns als Mutter zu Gott führen.

Wunder geschehen heute genau wie früher, wenn man die göttlichen Gesetze beachtet, von der sie regiert werden.

In dem Wort: „... die mit Gott gewandelt sind ..." liegt das Geheimnis. Wir haben hier genau Ursache und Wirkung. Salomon durfte sich wünschen, was sein Herz begehrte; er wünschte sich Weisheit; und es zeigte sich, daß darin alles Übrige eingeschlossen war (siehe Könige 3 s 5-14)

Als Pharao sein Herz verstockte und der Stimme Gottes nicht mehr gehorchte, da kamen die Plagen. - Auch hier wieder Ursache und Wirkung.

Wir sind genau in dem Maße weise, als wir dem höheren Lichte gemäß leben (siehe Luk. 11:28). Alle Propheten, Seher, Weise und Mystiker in der ganzen Geschichte sind das, was sie waren, geworden und haben die Kraft, die sie besaßen, gewonnen durch den Vorgang, daß sie ihre

Einheit mit dem unendlichen Leben erkannten und verwirklichten, mit dem Bewußtsein: „Bei Gott ist kein Ansehen der Person". - Ebenso wenig ist bei Gott kein Ansehen der Rassen oder Völker. Gottes auserwähltes Volk ist jeweils das, welches nach Gottes Wille gehorsam lebt. (Epheser 6:9)

Wer in seinem eigenen Selbst das mit Gott verbundene Leben erkennt und Gleichmut erlangt, der ist schon in diesem Leben selig. - Die Menschen sind in Banden, denn sie haben sich von dem Gedanken des Ichs noch nicht frei gemacht. Durch das Leben aller großen Mystiker, Seher, Propheten, Lehrer und Heiligen der Bibel geht dieselbe große Wahrheit von der Vereinigung mit Gott. David war stark und kraftvoll und seine Seele strömte über von Preis und Anbetung; aber alles genau so weit, als er auf Gottes Stimme hörte und in Übereinstimmung mit dem Höchsten blieb, was sich in ihm regte. So oft er es heran fehlen ließ, brach seine Seele in Angstrufe und Klagen aus. Dasselbe gilt von den Israeliten und von jedem Volk.

Die Bibel sagt, daß wir um einen starken und wahren Glauben bitten müssen. Dabei erklärt Paulus in zwei voneinander unabhängigen Gelegenheiten das Verhältnis des Glaubens so genau, daß wir darin nie irren können.

Auch Lukas in 11:17 bringt den Glauben auf folgenden Nenner: „Das Gesetz der Anziehung wirkt ganz genau auf jeder Tätigkeitsebene", und wir ziehen das an, was wir ersehnen und erwarten. Wenn wir aber eine Sache ersehnen und eine andere erwarten, dann sind wir wie ein Haus, das mit sich selbst uneins ist und wüste wird. Entschließe dich bestimmt, bloß das zu erwarten, was du ersehnst, dann wirst du auch bloß das anziehen, was du wünschest. - Der Glaube also ist nichts anderes als die Wirkung der Gedankenkraft in der Form eines starken Verlangens, verbunden mit der Erwartung seiner Erfüllung. Also mit anderen Worten lehrt die Bibel: „Glaube ist das, was uns durch Gottes Geist in Fleisch und Blut übergeht und dadurch uns zur Selbstverständlichkeit wird." In dem Maße, wie im Glaube nun das starke Verlangen, das wir in die Ferne senden, von bestimmter Erwartung getragen wird, zieht er das, wonach er ausgesandt wurde, entweder direkt an sich heran oder wandelt es erst aus Unsichtbarem in Sichtbares, aus Geistigem in Materielles um.

Aber nie eine Spur von Zweifel oder Furcht laß dazwischen kommen! Dann wird, was sonst eine fruchtbare Kraft wäre, dergestalt aufgehoben, daß es seine Verwirklichung nicht mehr erreichen kann. Der Erfolg steht immer im genauen Verhältnis zur Stärke des Glaubens.

Also beruht der Glauben auf einem wunderbaren göttlichen Gesetz. Im Jakobus-Brief erleben wir, daß Lukas, Paulus und Jakobus dieses göttliche Gesetz zur allgemeinen Kenntnis geben (siehe Jakobus 1:5-8). Glaube hat mit Wille nichts zu tun. Wille ist keine Kraft an sich. So aber der menschliche Wille mit dem göttlichen Willen in Gemeinschaft gebracht ist, haben wir die Gewissheit, daß der göttliche Wille in uns wirkt (siehe Sprüche: „Der Herr dein Gott ist mächtig in dir").

Die Gerechtigkeit, die wir mit dem göttlichen Geist in uns paaren, bewirkt Glück, Wohlergehen und Gesundheit an Leib und Seele. Die Bibel beschreibt diese wunderbare Chemie des Lebens treffend, wenn sie sagt: „Gerechtigkeit führt zum Leben, aber dem Übel nachjagen, zum Tode" (siehe Sprüche 11:19 und 12:28).

Also steht es bei dem Menschen selbst, ob seine Seele in einem stattlichen Haus in Herrlichkeit und Schönheit wohnen soll oder in einer selbstgebauten Hütte, die in Trümmern fällt und untergeht. - Es ist der Geist, der den Körper zum Tempel macht.

Du mußt dein wahres Leben erkennen in der Einheit mit dem Göttlichen und es verwirklichen, dann hast du die Kräfte der Gesundheit; dann wird dein Wille Gottes Wille und Gottes Wille dein Wille sein und alle Dinge sind möglich bei Gott (Mark. 10:27).

Dann wird es heißen: (Psalm 37:4)» und dann wird dir zumute sein als ob du immer sprechen könntest:

„Das Los ist mir gefallen aufs Liebliche, mir ist ein schön Erbteil geworden" (Psalm 16:6).

Alle Religionen sind gut und bilden zusammen die große „Weltreligion". Die Anschauung von Gott, daß er der unendliche Geist des Lebens und der Kraft ist, der hinter allem steht und in allem und durch alles wirkt, das ist die Lehre, die in allen Religionen übereinstimmt. Somit brauchte es keinen Ungläubigen und keinen Gotteslästerer und Gottesleugner zu geben. - Wohl gibt es aber viele Gottesleugner und Ungläubige gegenüber manchen Vorstellungen, die die Menschen sich von Gott machen; und Gott sei Dank, daß es solche gibt. Denn auch sogenannte fromme und ernste Menschen unter uns schreiben oft Gott Dinge zu, die kein Mensch, der etwas auf sich hält, von sich sagen ließ. Wenn man zum Beispiel, Menschen nachsagen würde, daß sie zornig über ihre Kinder, oder eifersüchtig oder gar rachsüchtig seien, so würde bei weitem nicht jeder so etwas auf sich sitzen lassen; und doch schreibt man Gott solche Eigenschaften zu (siehe Gottes heiligen Zorn, Gottes heilige Eifersucht und Gottes heilige Rache - Sprüche).

Wenn wir unsere Einheit mit dem unendlichen Leben erkennen, so kommen wir von selbst in das richtige Verhältnis zu unserem Nächsten. Wir erleben dann die Wahrheit des großen Gesetzes, daß wir unser Leben finden, wenn wir es im Dienst für andere verlieren (Matth. 10:39). Wir erkennen so, daß das Leben ein großes Ganzes ist; und daß wir nichts für andere tun können, ohne es für uns selber zu tun. Wir erkennen dann auch, daß wir niemanden schädigen können, ohne uns selber zu schädigen, denn der von Gott erleuchtete Mensch hat an jedem Leben Anteil (einzige Lösung sozialer Probleme).

Es gibt keinen besseren Weg, anderen zu helfen, als wenn man ihnen die Kräfte zeigt, die Gott in ihre Seelen gelegt hat. - Also folglich ist die größte Hilfe, die wir jemand gewähren können, daß wir ihm helfen, sich selber zu helfen. Eine sofortige Hilfe kann unter Umständen oft schaden; aber einem dazu helfen, daß er sich selber hilft, macht mutig und stark; denn es bringt ihn, zu einem größeren und stärkeren Leben (siehe Apostelgeschichte 3: 1-8). So kommt er zur bewußten Erkenntnis seiner Einheit mit dem unendlichen göttlichen Leben und er öffnet sich für die Kräfte, die in ihm wirken und sich offenbaren können.

Der Verstand ist das Werkzeug, wodurch wir das wirkliche Wirken der Seele mit ihrem stofflichen Leben verknüpfen und sie so befähigen, dadurch sich zu äussern und zu wirken. Das Gedankenleben bedarf ständiger Erleuchtung von innen und diese Erleuchtung geschieht genau in dem Maße, in dem wir unsere Einheit mit dem Göttlichen verwirklichen, von dem jede Seele nur eine gesonderte Ausdrucksform darstellt. - Die Intuition („innere Schauung"), ein geistiger Sinn, der sich nach innen öffnet und weil die Eigenschaft hat und Fähigkeit besitzt, die Wahrheit aus erster Hand zu verstehen und zu erkennen, so werden sämtliche Offenbarungen zu

Erkenntnissen der Einheit des göttlichen Geistes, so daß sie (die Seele) unmittelbare Erleuchtung aus der göttlichen Allwissenheit schöpft. Das ist die Stimme Gottes. Je mehr wir auf sie lauschen, je mehr wir gehorchen, desto deutlicher spricht sie; und ihre Leitung ist unfehlbar.

In dem Maße, wie wir zu der lebendigen Erkenntnis unserer Einheit mit dem unendlichen Geist des Lebens kommen, in dem alles Leben seinen Ursprung hat, setzen wir die Kräfte in Tätigkeit, die zu überströmender Gesundheit führen müssen. Krankheit ist Wirkung falschen Lebens was von innen kommt. Wenn wir fest glauben, daß die Krankheit von der inneren Haltung der Seele abhängig ist, dann muß sie ausgetrieben werden können. Medikamente sind nur ein Notbehelf; Glauben im Vertrauen ist der richtige Arzt. Jesus als Gott ist der größte und beste Arzt. Der wirkliche Heilprozeß muß heute so wie es früher war, von innen kommen, und zwar die göttlichen Kräfte der Seele so freilegen, daß in ihr kein Hass, Neid, Zorn, Rache, Falschheit- überhaupt kein Gottfeindliches – Platz hat; dafür aber alles Göttliche aufnehmen und durchströmen lassen. Wenn wir so Gottes

Geist haben, können wir auf die Dauer nicht krank bleiben (siehe Hesekiel 37:14).

Wenn du einmal im Zweifel bist, welchen Kurs du einschlagen sollst, so siehe mit deinem inneren Auge und höre mit deinem inneren Ohr und lasse durch keine Tätigkeit, Fragen oder sogar Zweifel dich in Verwirrung bringen; denn die Seele ist hier dein Berater. Mit anderen Worten: „Geh in dein Kämmerlein und schließ die Türe zu". Dieses Gebot ist so umfassend gehalten, daß wir es an jedem Fleck der Erde und in jeder denkbaren Lebenslage erfüllen können.

Innerlichstes Erfassen der Wahrheit ist das tägliche Brot für unsere täglichen Bedürfnisse; es kommt wie das Manna in der Wüste jeden Tag; und jeder Tag bringt die Befriedigung für die Bedürfnisse gerade dieses Tages, wenn wir die innerlich erfaßte Wahrheit in Tat umsetzen. - Das ist das innere Licht.

Nichts ist so fest wie Gott! Er wird keinen verlassen, der sich ihm völlig hingibt. Das Geheimnis des Lebens besteht darin, daß man immer in dieser Erkenntnis lebt, was man auch tue, wo man auch sei, bei Tag und bei Nacht, im Wachen und im Schlafen.

Die Tatsache lehrt, daß wir auch im Schlaf Erleuchtung empfangen können. Während des Schlafes geht das Seelenleben in all seinen Tätigkeiten weiter. Der Schlaf ist die Erholung des Körpers für das, was wir während des Wachens verbraucht haben und gibt so einen Erinnerungsprozess. - Außerdem ist er das große Heilmittel der Natur (siehe Sprüche). Währens des Schlafens ist die Verbindung mit der materiellen Welt aufgehoben; die Seele jedoch arbeitet weiter, und zwar, was der Geist im Schlaf sieht (erlebt), können wir, falls wir die Gesetze des Geistes kennen, mit in unser Bewußtsein hinübernehmen und so als Belehrung und Wachstum verwerten. „Den seinen gibt's der Herr im Schlafe" (Isaias 30:15).

Was für einen Gewinn wäre es für einen Menschen, wenn er im materiellen Sinne die ganze Welt gewänne, aber nicht einmal seine eigene Seele recht erkennen lernte? Unzählige Menschen glauben, sie besäßen viele materielle Güter, während sie im Gegenteil von ihnen besessen sind. unfähig, auch nur das kleinste Stück von alledem mitzunehmen, was sie angehäuft haben, gehen sie nackt und bloß in die andere Form des Lebens über.

Was wir säen, werden wir ernten; und zwar nicht nur in diesem Leben, sondern auch im zukünftigen. Wer also hier Sklave seiner Begierde nach materiellen Gütern ist, der wird ein solcher Sklave bleiben, auch wenn er seinen Körper nicht mehr trägt; er wird dann nicht einmal mehr ein Mittel finden, um seine Bedürfnisse zu befriedigen. Er wird im anderen Leben damit gepeinigt, indem er nun zusehen muß, wie andere seine Güter zerstreuen und vielleicht verschwenden, und hat nun keine Macht mehr darüber.

Wie töricht also zu glauben, irgendein materielles Besitztum gehöre uns! Wie lächerlich ist es, wenn einer so und so viel Morgen Land von Gottes Erde mit einer Mauer umgibt und erklärt, das gehöre ihm. Nichts gehört uns, was wir nicht festhalten können.

Die Dinge, die wir verwalten, dürfen wir nur in Weisheit benutzen. Als Verwalter werden wir später dafür zur Rechenschaft gezogen, wie wir das uns anvertraute Gut benutzt haben. In dem Maß, wie der Mensch zur

Erkenntnis der Wahrheit kommt, daß er innerlich reich ist, verliert der äußere Reichtum für ihn an Wert.

Die innere Kraftquelle gibt ihm alles, was er wirklich bedarf. Dem Besitzer großer irdischer Güter bleibt gar keine Zeit, das innere Reich zu finden, denn Besitztümer hindern mehr als sie nützen; und sie bringen meistens mehr Fluch als Segen. Fast immer sind sogenannte reiche Leute echten Sinns für wahre Freude beraubt und geben ihr Leben dafür hin, Sklave des Geldes zu sein. Vom Reichtum besessen sein, ist ein Wahnsinn und wirkt wie eine ekelhafte Krankheit, denn es ist eher ein Hindernis als eine Hilfe. Es gibt aber Menschen, welche in einem Palast leben, auch wenn dieser ein Armenhaus ist (siehe Matth. 6:33 und Matth. 19;24).

Eine erhabene und schöne Geschichte ist das Beispiel vom verlorenen Sohn. Nachdem der verlorene Sohn in allen Gebieten der Welt keinen Frieden fand und sich fast bis zum Tier erniedrigt hatte, kommt er zur Besinnung und spricht: „Ich will mich aufmachen und zu meinem Vater gehen" (Luk. 15/18). Er bekam die innere Sehnsucht nach seinem himmlischen Vater; er wußte, daß er nur alles Gute in seiner Hand hielt; und daß er ein

Kind dieses Vaters war, und daß das wirkliche Leben direkt vom Leben Gottes stammt. -

Unsere Eltern sind nur die Vermittler, sie geben uns den Leib, das Haus in dem wir wohnen; aber das wirkliche Leben kommt aus der unendlichen Lebensquelle, aus Gott, der unser Vater ist (siehe hierzu Matth. 23:9).

Trotz allen Unglauben an Gott und seinen alles durchdringenden Geist muß man staunen und zugeben, daß sehr viele Menschen eine große Teilnahme an den wesentlichen Fragen des Lebens bekunden; und wie eifrig sie sich um die Kenntnisse der inneren Kräfte bemühen und wie sie danach streben, sich selbst und ihr Verhältnis zum Unendlichen zu erkennen. Fast möchte man sagen, daß die Menschen ein geistiges Erwachen erleben; wenigstens könnte man das von den letzten vergangenen Jahren sagen. „Wie schön wäre es", so las man in einem deutschen Blatt, „wenn das unsere Vorkämpfer der Seelenkunde noch miterleben könnten". - Vielleicht waren damit solche Leute gemeint, die ihrer Zeit an Erleuchtung so weit voraus waren. - Der Bibelfreund möchte darauf folgendes antworten: „Woher wissen wir dann, daß sie nicht wirklich Zeuge von dem allem sind; daß sie nicht sogar in dem allem ihre Hand haben, und zwar viel stärker als in der Zeit, als sie hier waren". Denn im Hebräerbrief 1:14 lesen wir: „Sind sie nicht allzumal dienstbare Geister, ausgesandt zum Dienst um derer willen, die ererben sollen die Seligkeit?" - Es wird heute zur Genüge bewiesen, daß das, was wir sehen, nur ein sehr kleiner Teil dessen ist, was überhaupt existiert. Die wirklichen lebendigen Kräfte, die in unserem eigenen Leben wie in der Welt um uns wirken, sind für das körperliche Auge nicht sichtbar und doch sind sie die Ursachen, und alles was wir sehen, ist nur ihre Wirkung. Wir müssen vernünftigerweise annehmen, die hier an der Hebung der Menschen jemals mit Liebe und Kraft gearbeitet haben, daß sie auch jetzt noch ihre Arbeit in derselben Weise tun. Es ist sogar wahrscheinlich, daß sie ihren Eifer, Ernst und Macht noch größer einsetzen wie je vorher. -

Eine große Grundwahrheit des Menschenlebens ist die, daß wir unsere Einheit mit dem unendlichen Leben bewußt und lebendig erkennen und uns seinem göttlichen

Einströmen vollkommen öffnen. „Ich und der Vater sind eins" (Job. 10/30). Es ist die Einheit mit seinem Vater. Hier sieht man die Klarheit der Wahrheit, daß er alles durch die Verbindung mit dem Vater wirkte (siehe auch Joh. 5:17), mit anderen Worten: „Mein Vater sendet die Kraft aus, ich öffne mich ihr und wirke in Verbindung mit ihm" (weiter siehe Matth. 6:33) (siehe auch Luk. 17:21). Und damit ermahnt er uns, daß wir zur bewußten Erkenntnis der Einheit mit dem Leben des Vaters kommen sollen. Wenn wir das tun, so wird uns alles andere zufallen; und wir können schon im Diesseits Anteil am Reiche Gottes haben.

Die Bibel spricht von heiligen, erleuchteten Männern Gottes und beschwört uns, vollkommen zu sein wie unser Vater. Christus der Erlöser der Welt war im allerhöchsten Grade erleuchtet und mit dem Vater eins.

Dennoch ist Christus nicht der einzige, der erleuchtet ist. Zum Beispiel: „War nicht Buddha erleuchtet?"

Der Christ fragt: „Ist nicht unsere Bibel Offenbarung?" Gewiss, aber es gibt auch noch andere Offenbarungsschriften. Der Brahmane fragte „Sind nicht die Veden Offenbarungen?" Gewiss, auch das. Nicht darin besteht der christliche Fehler, daß er seine eigenen heiligen Bücher für Offenbarungen hält, sondern - und darin liegt eine kurzsichtige Beschränktheit - daß viele Christen nicht einsehen wollen, daß auch andere heilige Bücher göttliche Offenbarungen sind. - Die heiligen Schriften stammen alle aus derselben Quelle: Von dem unendlichen Gott, der durch die Seelen derer spricht, die sich ihm öffnen, daß er durch sie sprechen kann; und der Grad der Erleuchtung hängt von dem Hauche der Weisheit, der Kraft und dem Strahl der Herrlichkeit des Allmächtigen, dem Abglanz des ewigen Lichtes und einem fleckenlosen Spiegel des göttlichen Wirkens ab.

Die göttliche Weisheit bleibt was sie ist und erneuert doch alles, und von Geschlecht zu Geschlecht geht sie in heilige Seelen über und macht sie zu Freunden und Propheten Gottes (siehe Weisheit 7:25-27).

Viele Christen meinen, der unendliche Gott habe sich nur einer kleinen Handvoll Menschenkindern in einem kleinen Winkel der Erde und zu einer bestimmten Zeit geoffenbart (siehe Apostelgeschichte 10:34). - Wenn man diese Verse richtig versteht, wird gesehen, daß es nur einen ganz winzigen Unterschied ausmacht, ob einer dieser oder jener besonderen Religionsform angehört; aber einen gewaltigen, ob er seinen Grundanschauungen in seiner Religion wirklich treu ist. Je mehr wir zur vollen Erkenntnis der Wahrheit vordringen, desto mehr werden wir den Menschen helfen, auch auf dem Weg der Wahrheit vorwärts zu schreiten; denn die Religionen unterscheiden sich nur in unwichtigen Kleinigkeiten.

Es gibt zwar viele Glaubensbekenntnisse, welche den Völkern und Stämmen nach im Einzelnen gegen das andere verschieden sind, jedoch in ihrer Wesenheit der weltumspannenden Religion nicht wesentlich ungleich sind.

In den Sprüchen und Psalmen steht, daß der Teppich groß ist, den Gott ausgebreitet hat und herrlich die Farben, die er ihm gegeben. - So achtet der reine Mensch jede Form des Glaubens; auch sagt die Bibel, daß Gott keinen Unterschied zwischen Hoch und Niedrig und zwischen Arm und Reich macht, und wie der Himmel hat sie (die Religion) Raum für alle, und wie das Wasser macht sie alle rein. - Gott hat gemacht, daß von einem Blut aller

Menschen Geschlechter auf den ganzen Erdenboden wohnen (Apg. 17:26).

Wo wahre Religion ist, da ist Friede, Freude und Glück; aber niemals Düsterheit und Trübseligkeit. Wenn unsere modernen Kirchen das einsehen würden, dann würden sie für alle anziehend und für keinen abstoßend sein. Sie würden die Menschen dann auch zur wahren Erkenntnis ihrer selbst und in der Einheit mit dem unendlichen Gott bringen. - Die Wirkung wäre eine allgemeine Freude und solche Massen würden sich hineindrängen, daß die Mauern bersten würden. Solange das unserer Kirche nicht gelingt, eine lebendige Religion zu predigen, wird sie ihre sogenannten Gläubigen aus der Kirche hinaus predigen.

Gott ist der Geist des unendlichen Friedens. - Geistlich gesinnt sein ist Leben und Friede (Römer 8;6).

Die Wahrheit erkennen, daß wir Geist sind und in diesem Gedanken leben, das heißt: geistig gesinnt sein und in Frieden leben. Viele Menschen reisen weit, weit - sogar um die ganze Erde - um den Frieden zu finden. Sie kommen zurück und haben den Frieden nicht gefunden.

Sie suchten ihn da; wo er nicht ist. Frieden kann man nur im Inneren finden. Wer ihn da nicht findet, der findet ihn niemals. Wer aber so den Frieden gefunden hat, der ist von dem Gefühl erfüllt, beschützt zu sein; und dieses Gefühl schützt ihn wirklich. Von ihm gelten die Worte: „Es wird dir kein Übel begegnen und keine Plage wird sich deiner Hütte nähern (siehe Psalm 91:10, siehe auch Hiob 5:23). - Kein Tier wird einem Menschen etwas zu Leid tun, der absolut furchtlos vor ihm steht. Viele Tiere erkennen sofort die Furcht des Menschen und das gibt ihnen den Mut zum Angriff (Bund mit Gott, siehe Daniel 16:13).

Gott ist auch der unendliche Geist der Liebe. Sobald wir unsere Einheit mit ihm erkennen, so werden wir dergestalt mit Liebe erfüllt, daß wir in allem nur das Gute sehen. Und wir werden verstehen, daß wir alle untereinander eins sind und werden niemanden mehr verletzen. Wir werden verstehen, daß wir alle Glieder eines großen Leibes sind, und „so ein Glied leidet, so leiden alle Glieder mit" (I.Kor. 12s26). - Wenn wir aber hassen, dann nehmen wir das Schwert, durch das wir umkommen (Matth. 26:52). Sage mir, wieviel du liebst und ich sage dir, wieviel du von Gott siehst; sage mir wieviel du liebst und ich werde dir sagen, wieviel du mit Gott lebst; sage mir wieviel du liebst und ich sage dir, wie weit du in das Himmelreich eingedrungen bist, denn: „Die Liebe ist des Gesetzes Erfüllung" (Rom. 13:10). Liebe ist der Schlüssel zum Leben und ihre Wirkungen sind es, die die Welt bewegen. Jede Bosheit aber prallt zurück auf seinen Schützen (Siehe Sprüche).

Liebe entzündet Liebe, Haß erzeugt Haß. Liebe und Wohlwollen stärken den Körper und bauen ihn auf, Haß und Bosheit zerstören und zerbrechen ihn. Liebe ist „ein Geruch des Lebens zum Leben", Haß „ein Geruch des Todes zum Tode" (2. Kor. 2:16). Wenn du Liebe für Haß gibst und Güte für Mißhandlung, so ziehst du damit deinen Feind aus dem Sumpf zum Licht; vielleicht kannst du ihm dadurch zum Erlöser werden. -

Liebe entspringt aus Weisheit, Haß aus Unwissenheit. Was wir säen, werden wir ernten und jeder Same bringt seine Frucht. Wir töten nicht nur durch Verletzung, sondern auch durch jeden feindseligen Gedanken, (töten wir wirklich.) Sogar üben wir dadurch Selbstmord.

Es sind schon viele Menschen daran gestorben, weil sich viele böse Gedanken auf sie gerichtet hatten. Fülle die Welt mit Haß - und du machst sie zur Hölle; fülle sie mit Liebe - und der Himmel mit all seiner Schönheit und Herrlichkeit steigt hernieder. Nicht lieben heißt: lebend tot sein.

Alle großen Geister der Weisen, Seher -und Propheten sind in ständiger Arbeit an der Fortentwicklung des menschlichen Geistes. Es sind diejenigen, die zwar für das Auge nicht sichtbar sind, jedoch die Ursache, und alles was wir sehen, die Wirkung. -

Unser Denken beherrschen heißt also unser Leben bestimmen. Jeder gegen irgend eine Person gerichteter schlechte Gedanke ist ein gegen sich selbst gezücktes Schwert.

Wenn uns die inneren Augen geöffnet sind, tuen wir wohl denen die uns hassen. Wer in Haß lebt, wird durch Haß sterben. - Gute Gedanken sind schon Selbsterhaltungstrieb (Siehe 2. Könige 6:17 und Hebräer 1:14)«

Gott ist der Geist unendlicher Weisheit und in dem Maße. Wenn wir uns ihm öffnen, öffnet sich die höchste Weisheit in uns und für uns. - Auf diesem Wege können wir bis zum Herzen des Weltalls vordringen und das Geheimnis entdecken, das den meisten Menschen verborgen bleibt, obwohl es vor ihnen liegt. Warum sollten wir Weisheit bei irgendeinem Menschen suchen? Bei Gott ist kein Ansehen der Person, also wir sollten zu der direkten göttlichen Quelle selbst gehen (siehe Jakobus 1:5).

Wir brauchen dann keinen anderen Vermittler der Wahrheit und Weisheit, auch nicht die sogenannte Wissenschaft, welche sich gern die Quelle der Wahrheit nennt.

Stets kommt die Wahrheit aus dem Innern, das innere Zentrum Gottes im Menschen wird zum heiligen Tempel der Wahrheit und Weisheit, wenn wir uns der Stimme der Seele bedienen (siehe Isaias 65:24).

Durch deine Seele spricht Gottes Stimme zu Dir. Das ist der innere Führer: „das Licht, welches alle Menschen erleuchtet, die in diese Welt kommen" (Joh. 1:9), da ist das Gewissen, die innere Schau, die Stimme des höheren Selbst, die Stimme der Seele, die Stimme Gottes. -

Weisheit ist Erkenntnis Gottes. Sie stammt aus dem Göttlichen in uns. Dagegen kann man Wissen einfach durch ein gutes Gedächtnis erwerben. Wer aber im Reiche der Weisheit eingehen will, muß zuerst allen

Hochmut des Geistes ablegen, denn der Hochmut steht der Weisheit immer im Weg. Hochmütiges sogenanntes Wissen ist der Stein, der der Wahrheit im Wege liegt und so die Räder des Fortschrittes aufhält, wogegen der Triumpfwagen der göttlichen Weisheit unaufhaltsam mit der Wahrheit immer weiter fährt. Stimme der Seele (1. Kon. 19:11»12).

Es gibt eine doppelte Verkörperung: die physische (also stoffliche) und die ätherische (also seelische). Die stoffliche stellt sozusagen nur die zeitliche Schale dar, in der und durch die erst der wirkliche Organismus individualisiert und vollendet wird, etwa wie das Korn in der Ähre nur in der Hülse und durch sie gedeiht, die sonst gar keinen Wert hat. -

Durch den unzerstörbaren ätherischen Körper und die ihm entsprechende ätherische Umgebungsspähre, zusammen mit dem sozialen Leben und den sozialen Verhältnissen dieser Sphäre, wird die Individualität und das persönliche Leben für immer erhalten. -

Die Tatsache, daß das Leben in irgendwelcher Form existiert ist gleichbedeutend mit der Überzeugung, daß es erhalten bleibt, auch wenn es seine Form wechselt. Leben ist das ewige Prinzip Gottes und besteht daher ohne Aufhören, auch wenn es die Form seines Trägers wechselt, durch die es in Erscheinung tritt (in meines Vaters Haus gibt's viele Wohnungen). Sicherlich ist nicht der geringste Beweis dafür geliefert, daß das Leben, wenn es verschwindet, weil es den physischen Träger verläßt, nicht gerade so weitergeht wie vorher; nicht indem es neu anfängt - denn es gibt hier kein Aufhören - sondern nur, indem es in einer neuen Form da wieder eintritt, wo es vorher verschwunden ist. Denn alles Leben ist Schritt für Schritt fortwährende Entwicklung; einen Sprung gibt es da nirgends. - Wir haben unsere Seele von Gott, das Stoffliche von der Welt.

Das Leben des Denkens verknüpft das eine mit dem anderen -und geht zwischen ihnen hin und her. Somit können wir vom Leben der Seele wie vom Leben des Körpers sprechen.

Trachtet nach der Wahrheit, denn die Wahrheit wird

euch frei machen (Christus)

-.-.-.-.-.-.-.

Die Welt ist die Offenbarung Gottes.

Träumen und Traumarbeit

Denken und Fühlen machen die Welt aus, die wir kennen, und jede Empfindung wird als solche gedacht oder gefühlt.

Es gibt keine körperliche Welt in dem Sinne, wie der nichterleuchtete Mensch sie sich vorstellt. Es gibt nur eine zusammenhängende Reihe von Gedanken, die sich selbst von Augenblick zu Augenblick offenbaren, ausgenommen im traumlosen Schlaf. - Also „Wir denken, und die Welt erscheint; wir versinken im Nichtdenken, und die Welt verschwindet."

Also „Der Geist und die Welt sind unentrinnbar verflochten" Jedes materielle Objekt, vom soliden Felsen bis zum kleinsten Wolkenflöckchen, löst sich in Gedanken auf. Wir müssen mit einem flüchtigen Blick die große Wahrheit erkennen, daß Geist, als ein nichtmaterielles Wesen, das letzte Wesen ist, aus dem sowohl Energie wie auch alle Materie geboren ist (in Gott leben weben und sind wir).

Alle nachstehenden Fragen sind hiermit im Voraus beantwortet: „Wie kommt es, daß die Welt dann in den vielen unbemenschten Winkeln weiter besteht? Wie besteht die Einrichtung in einem geschlossenen Raum weiter, wenn im Raum selbst keine wahrnehmende Person ist? Wie existierte tatsächlich der gesamte Kosmos, bevor er in den Wahrnehmungen belebter Kreaturen existierte, und wie wird eine solche Wahrnehmung fortdauern, nachdem alle Kreaturen wieder zugrunde gegangen sind? (usw.)" - Die einzige Antwort auf diese Fragen ist, daß wir eine Beziehung nicht nur zwischen der Welt und dem Individuum anerkennen müssen, sondern auch zwischen der gesamten Welt und einem universalen, alles umfassenden Geist (also Gott). Weiter werden wir erkennen müssen, daß der Geist aller Menschen am Ende verwandt ist, und darum alle dieselbe Zeit in derselben Raum-Zeitordnung sehen.

-.-.-.-.-.-.-.

Es gibt keinen Augenblick, in dem das Universum nicht bestand; entweder verborgen oder aktiv, und folglich wird es auch nie einen Augenblick geben, an dem es nicht weiter besteht, entweder verborgen oder aktiv. Dies ist darum, weil die Welt nicht durch einen plötzlichen Schöpfungsakt entsteht, sondern durch einen schrittweisen Prozess der Offenbarung. Denn da sie ein gewaltiger Gedanke ist und nicht ein gewaltiges Ding, wird sie durch den Geist (Gott) aus ihm selbst heraus zum Sein gebracht; also aus seiner eigengeistigen Substanz und nicht aus einem außenliegenden Stoff, so wie es die Materialisten annehmen - ob sie nun religiöse oder wissenschaftliche Materialisten sind. Gott hat nicht Hände in einem bestimmten Augenblick ausgestreckt und eine Welt geformt, sowie ein Töpfer seinen Lehm (siehe Weisheit 19). Gott offenbart sich also in seinem Universum selbst und gibt ihm somit die gesetzlichen Formen.

Es ist heute eine wissenschaftlich erhärtete Tatsache, daß die Planeten, Sterne und Nebel, die am Firmament leuchten, ganz verschiedenen Alters sind. Das beweist, daß das Firmament selbsterhaltend ist und somit ist es der

Körper Gottes selbst, der ebenso ewig und selbsterhaltend ist, und daß eine ewige Entwicklung des ganzen Universums und seiner Geschöpfe ständig vorausschreitet, nach dem Gesetz: „Ursache und Wirkung".

Nichts existiert durch sich selbst und alle Dinge existieren heute als eine indirekte Folge unzähliger Ursachen, die sich wie eine endlose Kette durch die anfanglose Vergangenheit erstrecken. Also, alle Wirkungen haben endlose Ursachen, welche ebenso wieder Ursachen und Wirkungen gleicherzeit aus der ewig früheren anfanglosen Ewigkeit sind. Bas Universum ist deshalb so alt oder so ewig wie der Weltgeist (Gott) selbst. Nie wird eine erste Ursache und erste Wirkung angegeben werden können (ewig).

Kein besonders Ding allein ist eine Ursache oder allein eine Wirkung, sondern muß beides immer <u>zu gleicher Zeit</u> sein. Wenn die Vorstellung einer plötzlichen Erschaffung eine unhaltbare Annahme bedeutet, so ist die

Vorstellung, etwas aus einem Nichts zu erschaffen, genau so unhaltbar.

Diejenigen, die an eine solche Gottheit glauben, die nach dem vielfach vergrößerten Abbild des Menschen geformt ist, schreiben die entstehenden Formen des Universums gerade einem solchen Akt zu. Wenn man es von der Außenseite betrachtet, kommt das Universum aus dem Nichts hervor und vergeht in das Nichts. Wenn man es aber von der Innenseite betrachtet, hat es eine ewige verborgene Wirklichkeit gegeben und diese Wirklichkeit ist der Geist (Gott).

Die sichtbare Welt ist nur seine Offenbarung. So umfaßt der Geist (Gott) alles, aber wird selbst durch nichts erfaßt. Der Weltgeist (Gott) braucht das Universum nicht aus dem Nichts zu erschaffen, weil er es aus seinem eigenen Selbst zur Geburt bringen kann. Die sichtbare Welt ist also seine Selbstproduktion. Gerade so wie jede Pflanze vom Sonnenlicht abhängig ist, so ist das Universum vom Geiste Gottes abhängig und gerade die Gegenwart Gottes ist es, der das Universum den eigenen Unterhalt und Existenz verdankt.

Wenn die Bibel von Zyklus spricht, so ist daraus zu verstehen, daß die ganze Weltgeschichte einmal in eine unsichtbare Welt taucht, und zwar „der Weltgeist (Gott) zieht sich dann zurück und ruht sich von seinen Mühen aus" (siehe 2. Kapitel Genesis 3. Vers)! Aber die Morgendämmerung folgt der Nacht und die gleichen karmischen Ursachen beginnen wieder zu keimen und im Gesetz Gottes beginnt wieder ein neuer Zyklus, und die sichtbare Welt tritt wieder einmal ins Dasein, als Erbe von all den Existenzen, die in der früheren zu finden waren. Das gegenwärtige Weltsystem ist bloß eine Einheit in einer unendlichen Serie ohne Anfang und ohne Ende (Ewigkeit).

Wenn der König David in seiner Schau (Gesicht) den Weltgeist (Gott) mit einem Stück Wachs vergleicht, dann stellt der Eindruck, der durch ein geistiges Siegel darauf gemacht wurde, die eingeprägte, nichtgeoffenbarte Welt dar, und die Kraft oder der Druck, die am Siegel angewendet wird „Karma". Genau so wie das geformte

Bild vom Wachs selbst nicht verschieden ist, so sind die unzähligen karmischen Eindrücke, die das Gedächtnisbild des ganzen Universums zusammenformen, daß nur ein großer Gedanke auch vom Weltgeist (Gott) ist, nicht verschieden. Ein Mensch vergißt im tiefen Schlaf sein eigenes Leben und die äußere Welt, aber er erinnert sich daran wieder vollkommen am folgenden Morgen. Wenn alle seine Gedanken während des Schlafes verborgen und doch mysteriös aufbewahrt werden, dann haben wir (trotz der scheinbaren Auflösung) darin von Gott einen Wink, der uns verstehen helfen soll, wie es für alle Gedanken des Weltgeistes (Gottes) möglich ist, verborgen und mysteriös aufbewahrt zu werden; sogar dann, wenn sie während der kosmischen (sogenannten) Nacht nicht mehr in Tätigkeit treten. Genau so wie keine einzige Gedankenform durch den individuellen Geist im Schlafe tatsächlich verloren wird, so wird nicht eine einzige Gedankenform durch den Weltgeist verloren, wenn eine kosmische Periode schließt und alles im scheinbaren Nichts verschwindet, aber in Wirklichkeit zu der ursprünglichen Einheit zurückkehrt, von wo sie früher hervortrat.

Der Weltgeist (Gott) offenbart sich unter einer unendlichen Verschiedenheit von Formen zu allen Zeiten.

Alle Offenbarungen sind von ein und demselben Geist. Genau so wie die Trennung der Welt des Träumers nur an der Oberfläche besteht und insgeheim mit ihm verbunden ist, so besteht die Trennung der wachen Welt nur als ein Oberflächeneindruck. Am Ende besteht tatsächlich eine Einheit (Karma-Gesetz).

Wenn wir einen Traum erleben, beachten wir nicht, daß die darin gesehenen Dinge Phantasien sind, sondern betrachten sie als wahrhaft wirklich. Warum ändern wir dann unsere Ansicht, nachdem wir erwachen? Warum erfahren wir nicht das Gegenteil und übertragen eine ähnliche Beurteilung während des Traumes auf die wachen Dinge? „Die Antwort ist: „Die wache Welt besitzt in der Tat einen höheren Wert als die Traumwelt, denn sie erlaubt dem Geist, zu einer klaren und bewußten Tätigkeit zu kommen."

Dieses ist der Unterschied zwischen den zwei Zuständen, obwohl sie beide nur geistige Gebilde sind. Wir müssen uns aber fragen, warum Gott sich die Mühe gab, die zwei Zustände uns zu ermöglichen, wenn ein einziger Zustand für ihren Zweck genügt hätte. Gott verfolgt wahrscheinlich mit diesen zwei Zuständen folgenden Zweck: „Das menschliche Dasein soll nicht immer nur verlängert und wach sein, sondern muß deshalb von dem Schlaf unterbrochen werden, weil erstens der Mensch der Erholung bedarf und zweitens soll der Traum uns als Lehrer dienen, um uns zu sagen, worin wir im Wachzustand geirrt haben. Gott löst die menschlichen Formen in drei Grade des Bewußtseins auf. In Tiefschlaf, Traum und Wachheit, und macht es uns so möglich, gewisse ungeheure Wahrheiten zu begreifen. Der Mensch ist so mächtig in dem Glauben an die Weltmaterialität hineinverzaubert, daß Gott ihn befähigen muß, sich periodisch loszulösen aus der Knechtschaft des irdischen Lebens. Dies tut Gott darin, indem er den Wachzustand mit dem Schlaf und das physische Leben mit dem Tod unterbricht. Wir dürfen aber nicht den Fehler machen und sagen, das Leben wäre ein Traum, denn es ist es nicht. Alles was wir höchstens sagen können ist, daß es gewisse Punkte der Ähnlichkeit mit und gewisse Punkte des Unterschiedes von einem Traum hat. Der Schauplatz, auf dem sich das wache Drama abspielt, ist öffentlich, aber der Schauplatz jedes Traumdramas ist rein persönlich (siehe I. Könige 19:6-ff).

Es ist möglich, eine tiefe Bedeutung aus der Tatsache zu ziehen, daß jedes Träumers Welt ihm allein gehört, während die wache Welt der ganzen Menschheit gemeinsam gehört. Hier gibt Gott jedermann in seiner eigenen persönlichen Erfahrung einen Schlüssel zum Mysterium der Weltschöpfung. Durch die Tatsache, daß der Mensch imstande ist, sein eigenes Bild seiner Traumumgebung zu schaffen, kann er begreifen, wie er ein eigenes Bild der wachen Welt empfangen kann, die von dem Weltgeist (Gott) ausströmt.

Die meisten Menschen wissen nicht, daß Gott in ihrem Innern existiert; sogar diejenigen, welche es wissen, sind sich nicht bewußt, ein wie wichtiges Element er wirklich in der Erzeugung ihrer Welterfahrung darstellt. Es gibt nur wenige Beschränkungen für die Vorstellungskraft des Träumers und keine für die des Weltgeistes (Gott). Der Träumer erzeugt frei seine Traumwelt, die von jedem anderen verschieden sein kann. Das mächtige und eigentümliche Wirken der Vorstellungskraft während des Traumes offenbart, daß es eine der wunderbarsten und tiefst innewohnenden Eigenschaften des Geistes ist. Gott lehrt jeden Menschen durch seine Träume, daß er die Fähigkeit im schöpferischen Sinne besitzt wie der Weltgeist (Gott) selbst, nur ist der Gradunterschied ein dementsprechend geringerer. Wenn der Mensch sich fragt, wie es für Gott möglich ist, das Weltbild individuellen Geistern aufzuzwingen, so hilft ihm Gott, die Antwort zu finden, indem er ihm die Traumerfahrung gibt, worin, es ist klar, der Träumer, der über seinen Phantasien brütet, imstande ist, sich selbst ein individuelles Weltbild aufzuzwingen.

Schließlich beobachtet der Träumer nur, was sein eigener Geist erzeugt, obwohl er es zu der Zeit nicht weiß. Ein klarer Beweis, daß diese Kardinalwahrheiten den Menschen (doch) fühlen lassen, daß es eine höhere Macht gibt, zu der er aufblicken muß (siehe Weis3;10-17).

Wenn oft nur fünf Minuten Traumzeit genügen, um eine ganze Reihe von Vorfällen zusammenzuspannen, die im wachen Zustande mehrere Tage oder Wochen erforderten, so ist es klar, daß der träumende Geist mit einer derartigen Geschwindigkeit arbeitet, die für den wachen Geist im höchsten Grade unglaublich ist. Wir müssen also die Tatsache annehmen, daß alle Träume einer von der des wachen Lebens völlig verschiedenen Zeitordnung angehören. Das bedeutet, daß wir uns nicht in der Zeit bewegen, sondern die Zeit bewegt sich in uns. In dem Augenblick, da wir zum Wachzustand zurückgekehrt sind, können wir zuversichtlich erklären, daß der Traum nur ein geistiges Gebilde ist. Raum und

Zeit liegen also innerhalb des Geistes, und nicht, wie allgemein geglaubt wird, außerhalb von ihm. Wenn wir nun bedenken, daß die goldene Sonne und die silbernen Sterne am Traumhimmel über uns genau so scheinen, wie am wachen Himmel, daß der Traumozean seine blauen Wasser zu wogenden Wellen auftürmt und Traumwälder ebenso kühl und dunkel sind wie auch die des Wachzustandes, ja daß wir oft aus Traumschmerz weinen und aus Traumfreude lachen, dann müssen wir zugeben, daß die zwei Welten unsere Empfindungen in einem staunenerregenden Ausmaß teilen. Wenn der Geist nach innen blickt und nach neuen Phantasiebildern jagt für das Nachtleben, findet er jeden Wunsch wirklich lebendig, jede Vorstellung fühlbar, berührbar und sichtbar, jeden Ton hörbar und jeden Geruch riechbar. Er entdeckt Gedanken, die wirklich angefaßt werden können, als ob sie feste Dinge wären. Und wie furchtbar ist das Schauspiel der Traumsinne durch die Pracht ihrer eigenen Bilder von Furcht und Grauen in einem Alptraum.

Alle diese Wahrnehmungen entstehen ohne die Anwesenheit irgendeines materiellen Dinges. Der

Gedanke erscheint uns dann, als ob er das erfahrene, materielle Ding selbst sei; aber beim Erwachen erkennen wir, daß das Ding nur ein Gedanke war (siehe Daniel 2:3,4,14 usw.)

-.-.-.-.-.-

Wir scheinen das Bewußtsein während des Schlafes zu verlieren, jedoch erinnern wir uns der Tatsache, geschlafen zu haben. Es ist unmöglich, sich an irgendetwas zu erinnern, wenn wir es nicht vorher gewußt haben.

Der Schlaf ist etwas, das die menschliche Existenz betritt und verläßt. Schlafwandler zeigen tatsächlich einen höheren Grad an geistiger Fähigkeit, wenn sie schlafen, als sie gewöhnlich besitzen, wenn sie wach sind. Ihre Urteilskraft, ihr Vorstellungsvermögen, Gedächtnis, Wille und ihre Körperbeherrschung sind auffallend gesteigert. Schlafwandler erklären, daß sie sich an nichts erinnern, was während der Nacht vorgegangen ist. Ohne persönliches Wissen seines Aufenthaltes und ohne den geringsten Gedanken an sein Wohlbefinden, kehrt er doch sicher zum Bett von seinen oftmals gefährlichen Abenteuern zurück. Daher müssen wir zugeben, daß ein Teil des Geistes existiert, welcher uns unbewußt scheint, der aber in Wirklichkeit ein außerordentliches und wunderbares eigenes Bewußtsein besitzt. Geist ist also mehr als Bewußtsein, so wie wir es kennen. Wir müssen erkennen und zugeben, daß zwei Arten von Wahrnehmung möglich sind; eine ist die alltägliche, mit der wir alle vertraut sind, die andere ist dunkel, mysteriös und äußerst unbekannt. Es sollte dieser Unbekanntheit nicht gestattet sein, uns in den oberflächlichen und materialistischen Irrtum verfallen zu lassen, die uns bekannte Art als die einzige existierende hinzustellen.

Hier arbeitet der Geist in einer ganz unbegreiflichen Art, aber er arbeitet. Hierzu können wir nicht „denken" sagen. Er braucht ja auch nicht in dem logischen Sinne zu denken, in welchem wir diesen Ausdruck verstehen. Also er kann nicht anders sein, als daß der Geist im Schlaf eine Art Eigenbewußtsein hat. Hierin liegt der Schlüssel des Psalmisten. „Den Seinen gibt's der Herr im Schlaf." -

Niemand kann das Bewußtsein in derselben Art beobachten, wie er irgend etwas anderes beobachten kann. Denn alle seine Beobachtungen von irgend etwas anderem werden die Anwesenheit des Bewußtseins erfordern. Der materialistische Wissenschaftler ruft triumphierend aus, daß er das Bewußtsein nirgends finden kann und daß es deshalb nicht existiert. Ein solcher Mensch ist genau so töricht wie eine Frau, die überall nach einem Halsband sucht, das sie selbst an ihrem Hals trägt. Obige Frage wäre nur so zu beantworten: „Das Bewußtsein ist nur eine Phase des Geistes und deshalb kann der Materialist es nicht im Gehirn finden, weil es keine Punktion des Gehirns ist. Der Materialist wird nie entdecken, daß Bewußtsein das Licht des Gehirns ist." Geist ist ähnlich wie Licht, denn beide sind einzigartig und haben eine besondere Stellung im System der Dinge.

Licht macht alles andere sichtbar, bleibt aber selbst unsichtbar. Was wir gewöhnlich für Licht halten, ist entweder Strahlung selbst, oder, was wir für einen Lichtstrahl halten, ist gewöhnlich ein Strahl von Staubteilchen. Licht ist selbst unsichtbar, weil es überhaupt keine Gestalt hat. So macht uns auch der Geist aller anderen Dinge bewußt, aber nicht seiner selbst.

Wir erblicken alle Dinge im Geist wie im Spiegel.

Aber da er über dem Bereich unserer Sinne liegt, sehen wir die Bilder und nicht den Spiegel. Folglich schreiben wir mißverständlich nur den Dingen Wirklichkeit zu und dem Geist selbst Unwirklichkeit. Der das begreift, kann niemals ein Materialist werden. Der Materialist stellt Probleme auf, die durch seinen Mißgriff niemals gelöst werden können, oder aber er erfährt die göttliche Gnade, die ihn befähigt, die Stufen hinaufzusteigen, die aufwärts zur Wahrheit führen.

Das Überselbst im Menschen (Bewußtsein und Geist) drückt die Bibel im Johannes-Evangelium aus in „Gott vom wahren Gotte und Licht vom wahren Lichte" (siehe Johannes-Evangelium 1:4+5).

Wie kann der zuwenig erleuchtete Mensch den Tod begreifen, da er ja nicht einmal das Leben begreift? Da wir nun schon etwas über die Sterne, Planeten und etwas über unser menschliches Selbst wissen, sind wir in der Lage, auch über den Tod eine Wahrheit festzustellen. Der Schmerz, der so oft mit dem Ereignis des Sterbens verbunden ist, entsteht entweder aus den gewaltigen körperlichen Änderungen, oder aus beiden, den körperlichen und geistigen Änderungen, indem sie sich gegenseitig beeinflussen. Aber wenn die sterbende Person genügend erleuchtet ist, um zu wissen, daß der Körper seine Vorstellung ist und er seine persönlichen Wünsche in Gewalt hat, wird er natürlich auf diesen großen Wechsel immer vorbereitet sein, Er hat den Schlaf, der der Bruder des Todes ist, so genügend durchforscht und die Schlafmeditation kennengelernt, weiß, daß das wirkliche Selbst sich einmal von seinem Körper trennen muß und somit dürfte sein Hinscheiden für ihn ganz friedlich sein.

Ein Gefühl äußerster Hilflosigkeit überwältigt dann den Menschen. Er fühlt sich machtlos wie ein Kind, das auf seinem Bücken liegt, ob er nun ein König oder ein Bettler war. Eine schreckliche Einsamkeit schleicht sich schmerzvoll in ihn. Dieser Teil des Todes kommt aus seiner wunscherfüllten Natur, wie ein Schauer eiskalten Wassers. Von dem letzten Augenblick an, wenn die Qualen vorüber sind, also nach dem letzten Herzschlag geht der - Tote - in einen Zustand hellsehender Vision über, der ihm in einer kurzen Wirklichkeit verliehen ist. Da beginnt nun für ihn die Entdeckung, daß alle seine

Erfahrungen, von seiner Kindheit bis zum mürrischen Alter aufbewahrt sind. Nichts ist verloren, sondern alles besteht hier noch in Bildform. Im Erdenleben lief die Zeit vorwärts. So kehrt sich seine Vergangenheit um. Wenn sein Geist nun nicht zu viel mit dem Körper während der Trennung gestritten hat, dann kommen für ihn die Worte in Betracht: „Selig sind die Armen im Geiste" - denn bei dem steht alles wohl.

-.-.-.-.-.-.-.-

Wenn eine Person gestorben ist, ereignet sich als nächstes, daß ein lebendiges Wesen, das schon den Tod seines körperlichen Daseins beobachtet hat, ein verborgenes – Ich , das immer das Oberflächen-Ich betrachtet hat, etwas in ihm, doch etwas, das er bisher nicht als sich selbst erkannte, nun aber sein Bewußtsein berührt. Dieses Wesen ist nichts anderes als sein majestätisches Überselbst. Nun wird er durch seine offenbarenden Augen sein eigener unbestechlicher Richter.

Während dieser Zeit kommt er Angesicht zu Angesicht mit den Folgen seiner Handlungen, während er auf Erden war, oft Folgen egoistischer Art. Da nimmt er wahr, daß viele seiner eigenen Mißgeschicke bestimmt Selbsterzeugnis und Selbstverdienst waren. Durch dieses göttliche Licht seines Gewissens, tausendfach vergrößert, fühlt er, daß das, was ihm auch zustieß, auf ein gerechtes Ergebnis seines eigenen Charakters und seiner eigenen Taten zurückführbar ist. Eine große Gewissensreue überwältigt ihn. Er legt die Leidenschaft beiseite und sieht dieses <u>Oberflächen-Ich</u> wie der einst verborgene Beobachter es sieht, ohne seine eigene unbewußte Selbsttäuschung. Er sieht Unrecht tun, Sünde und Böses in einigen seiner Taten, wo er ihre Anwesenheit vorher kaum vermutet hätte. Er sieht auch andere Personen, mit denen er in intime Beziehung gekommen war, wie sie auch wirklich sind. Schließlich wird er veranlaßt, sich die Frage vorzulegen: „Was habe ich mit dieser Gabe des Lebens getan?" Er wird an das frühere Traumleben erinnert, weil seine ganze Existenz verwandelt ist, und beginnt nun langsam zu begreifen, daß es das Gewebe eines Traumes ist. Alle Personen seines Erdenlebens beginnen zu erscheinen, und hat nun die Möglichkeit, die Welt als eine Illusion zu erkennen, die sie war. Jetzt erst ist der Übergang des Todes vollständig. Eine Epoche des Lebens des Individuums ist beendet (siehe den ganzen Psalm 103).

Diejenigen, welche glauben oder lehren, daß der Tod das unangenehme Ende von allem für den Menschen ist, haben ihre Aufmerksamkeit nur auf den menschlichen Körper konzentriert und zeigen bloß ihre Unwissenheit darüber, was der menschliche Geist ist und welchen Lauf seine Entwicklungsbestimmung natürlicherweise nehmen muß.

Warum zum Beispiel, bestehen die Materialisten nicht darauf, am Leben zu bleiben, anstatt es eines Tages hilflos der kalten Berührung durch den Tod hinzugeben? Wenn man den materialistischen Glauben abgelegt hat, kommt man dahin, den Körper als eine Form des Bewußtseins zu betrachten, an der das - Ich - direkt angeschlossen ist. Der Geist hat ein Gehirn geformt, wie er die Sinne geformt hat, um seinen Entwicklungsnotwendigkeiten zu entsprechen, und daß die fünf Sinne auf sein Geheiß zur Tätigkeit schreiten und nicht der Geist auf ihr Geheiß. Die Sinne sind Erfahrungen des Geistes. Es besteht absolut keine Notwendigkeit für den Geist, seine Existenz zu beenden, wenn seine Empfindungen und Bewußtsein, wie der Körper, zu bestehen aufhört. Dieses wird der Materialist nie erkennen. Denn zu wem sind denn diese Vorstellungen sowohl des Lebens wie auch des Todes gekommen?

In was erscheinen sie und in was werden sie verschwinden? Sie sind doch zum Geist gekommen und sie erscheinen und verschwinden auch im Geist. Deshalb wird noch etwas bleiben, was nicht verschwindet und nicht verloren geht; es ist der Geist selbst. Er ist der Zeuge der Geburt und des Todes dieser Vorstellungen. Wenn die Idee des Lebens auch verschwindet, wird sie im Geist doch immer enthalten sein. Sogar die Weltidee verschwindet in das - Selbst. - Warum sollte dann jemand den Tod fürchten? Im Tode endet nur der physische Körper, aber er läßt den Geist, das wahrhaft menschliche Wesen, unberührt (Oh Tod, wo ist dein Sieg? Oh Tod, wo ist dein Stachel?)

-.-.-.-.-.-.-

Es ist (ja) nicht möglich, daß der Mensch während seines irdischen Lebens den Tod prüft und dann wieder zum Leben zurückkehren kann. Aber Gott hat es für alle Menschen möglich gemacht, anregende Andeutungen über den Zustand, der Tod genannt wird, dadurch zu erlangen, daß er es für sie möglich macht, durch die Zustände

des Traumes und des Schlafes hindurchzugehen. Tod, Traum und Schlaf sind sehr innig miteinander verbunden. Es ist nicht nötig, zu bezahlten Vermittlern Zuflucht zu nehmen, um aus zweiter Hand einen flüchtigen Blick dessen zu erhalten, was mit uns nach dem Tode geschehen wird. Wir erhalten ihn jedesmal aus erster Hand, wenn wir in der Nacht träumen; wie wir ihn jedesmal erhalten, wenn wir im tiefen Schlaf sind. Die Erfahrung, durch die wir dann hindurchgehen, ist bis zu einem gewissen Punkt dieselbe, aber ihr Thema ist in gewisser Hinsicht etwas verschieden. Wenn wir träumen, daß wir durch den Tod hinweggerafft werden und dann in der folgenden Nacht träumen, daß wir noch am Leben sind, können wir die Lage des Menschen begreifen, dessen irdischer Körper tatsächlich stirbt, aber dessen Geist später wieder in einem neuen irdischen Körper auflebt. Die Ähnlichkeit zwischen dem Traum und dem Tod besteht darin, daß, gerade so wie der Träumer unbewußt Szenen, Ereignisse, Personen und Umgebungen erschafft, so der Geist unbewußt und unwillkürlich seine eigene kleine Welt für sich erzeugt. Dieses Leben nach dem Tode ist in Wirklichkeit eine Art intensiver Träumerei, in der der Geist seine eigenen Visionen sieht, die mit Bildern und Szenen bevölkert sind.

Diese Visionen sind Vorstellungen, Gefühle und Gewohnheiten, die in seinem Physischen Leben konstruiert sind. Die Ähnlichkeit menschlicher Sinneserfahrung in großen Massen auf der Erde in dieser Lebzeit erklärt die Ähnlichkeit der Erfahrungen von Geistern im Geisterreich der großen Massen (siehe Ezechiel 33:12-19).

-.-.-.-.-.-

Wir Menschen wollen uns darüber klar werden, daß sowohl die außergewöhnliche Glückseligkeit wie auch das außerordentliche Leiden in der Welt der Geister nur zu außergewöhnlichen Seelen kommen kann. Die meisten Leute sind nicht außergewöhnlich, weder in der Tugend noch im Laster. Folglich kann angenommen werden, daß ihr Leben als Geist nicht irgendeine Erfahrung beinhalten wird, die sehr zu fürchten ist und andererseits auch nicht irgendeine Erfahrung, die sehr verlockend sein wird. Das Durchschnittsindividuum ist eine lauwarme Mischung von Gut und Böse und sollte daher keine solche übertriebene Erfahrung nach dem Tode erwarten. Man kann annehmen, daß die Höllen der Bösen und die Himmel der Tugendhaften spärlich vertreten sind. Der neueintretende Geist wird höchstwahrscheinlich in einen Zustand verfallen, der kaum von dem eines unruhigen Schläfers verschieden ist. Also in einen Zustand, in dem die Bewußtlosigkeit vorherrscht, aber mit unsteten Brocken traumgleichen Bewußtsein unterbrochen ist. In diesen verlängerten Perioden des Erwachens erlangt er so ziemlich dasselbe persönliche Bewußtsein, dieselben Wünsche,

Gefühlsregungen und Gedanken, die er vorher besaß. Es gibt keinen staunenerregenden Wechsel in ihm. Seine Erinnerung an das Vergangene kehrt zurück. Er findet es schwer zu glauben, daß er wirklich tot ist. Denn genau so, wie seine gewöhnlichen Freunde, seine Arbeit und sein Vergnügen seine gewöhnlichen Träume während des irdischen Lebens zum größten Teil füllten, so werden sie diesen verlängerten und außergewöhnlichen Traum zum großen Teil füllen, d. h., die Existenz als Geist. Für diejenigen, welche besonders tugendhaft oder besonders schlecht waren, gibt es mehr vollbewußte Zustände. So wird der niedrigste Zustand eine Sphäre des Hasses und der Verruchtheit, also eine widerwärtige Hölle; der höchste Zustand der Güte und Liebe in der Tat ein wonnevoller Himmel sein (siehe Römerbrief 7 u. 8:6-11).

Diejenigen, die die Lehre des Fegefeuers als bloßen Aberglauben abtun, haben nur teilweise Recht. Sie sind klarerweise der geistigen Notwendigkeit einer solchen Suggestion entwachsen, aber sie haben vom Standpunkt derer nicht recht, die berufen sind, der Menschheit Moral zu lehren. Wir müssen uns darüber klar sein, daß das

Fegefeuer natürlich auch ein Zustand ist, obwohl die Bibel selbst das Wort >Fegefeuer<

an keiner einzigen Stelle gebraucht. Wenn aber die Leute, die an die furchtbare Lehre der ewigen Verdammung glauben, den Mut hätten, ihre Vorstellung nach der Bibel zu analysieren, so würden sie sie nicht mehr glauben. In der geheimen Offenbarung läßt die Bibel eindeutig erkennen, daß die Bilder der Hölle als ein schwefeliges Schattenreich deshalb gestellt wurden, um die unerleuchtete Menschheit innerhalb der Grenzen des Anstandes zu halten und den beeindruckbaren Gemütern des Pöbels eine schmerzliche Vergeltung vorzustellen. Wir müssen klar erkennen, daß Gott die

Liebe ist; und so können wir auch die Geistzustände finden, die mit dem verwandt sind, was reiner und feiner im Menschen ist. Wir können auch die Wirklichkeit der besseren Seite jener Paradiese finden, welche die Religionen ihren Anhängern versprechen.

Hier können sie ihre Geliebten erkennen und treffen, ob Verwandte oder Freunde, die ihnen vorangegangen sind.

Trotzdem wird es von unserem irdischen Standpunkt nur in dem Sinne sein, wie zwei Geliebte während des Traumes zusammengebracht werden. Jeder betritt den Geistraum des anderen, aber in beiden Fällen wird die zweite Person durch den Geist für sich selbst erzeugt. Doch für den Geist wird sie genau so lebendig und glücklich sein, wird die Wiedererkennung genau so selig und freiwillig sein, wie im irdischen Leben (siehe Psalm 94:8-9).

Was der Geist in irgendeinem der Zustände nach dem Tode durchschreitet, ist zum großen Teil durch die allgemeine Gewohnheitsenergie von dem bestimmt, was er glaubte, dachte, wünschte und während seines irdischen Lebens verstand. Es gibt gar keinen Grund, warum jemand nicht seine herrlichen Hobbies und Picknicks haben soll, wenn er will. Ein Träumer kann sie haben, warum nicht ein entkörperter Geist?

Aber nicht für alle Ewigkeit, wie viele Menschen irrtümlich glauben. Denn genau so, wie er aus seinen irdischen Träumen jeden Morgen aufwachen mußte, als er am Leben war, so muß die Stunde unausbleiblich kommen, wo er auch aus seinen paradiesischen Träumen aufwachen muss. Wenn er (auch) seine Lieben im Nahtodzustand wiedertrifft, wird es nur sein, um sich schließlich wieder ein zweites Mal zu trennen.

Diese Gesetze Gottes sind unerbittlich.

Der Geist tritt allmählich (nun) in einen Zustand ein und wohnt darin, der dem gleichwertig ist, was er früher als tiefen Schlummer kannte. Hier findet er barmherzige Ruhe von der Last des persönlichen Bewußtseins, also, ein äußerstes Vergessen der Erinnerungen, Freuden, Kummer und Schmerzen, die ihn bisher unvermeidlich auf seinen irdischen und unirdischen Existenzen begleitet haben. Den Frieden und die Erquickung, die der Mensch zeitweise für einige Stunden lang einst im Leben während der Nacht fand, findet er nun für eine lange ununterbrochene Periode wieder, die eine traumlose und unbewußte Ruhe darstellt. Die Bibel hat hier „das Leben nach dem Tode" noch lange nicht erschöpfend beschrieben, trotzdem kann mit unwiderstehlicher Sicherheit gesagt werden, daß, wenn wir eine gütige Ruhe im tiefen Stadium des Schlafes schöpfen können, so werden wir gewiß im Stande sein, dieselbe Ruhe im tiefen Zustand des Todes zu genießen. Was in unserem Traum und Schlaf in der irdischen Welt überleben kann, wird gleicherweise nach dem Tode überleben. (Im Gebet heißt es: „Das ewige Licht leuchte ihm, laß ihn ruhen in Frieden").

-.-.-.-.-.-

Was wir durch ein Mikroskop als eine Blutzelle sehen können, hat ein Leben von ungefähr einem Monat und stirbt dann in der Milz. So lebt der Mensch durch den Tod seiner eigenen Blutkörperchen.

Sie müssen sterben, wenn der Mensch fortleben soll. Jedes Fleischgewebe, jedes Nervengefäß, jede Muskelfaser sowie Knochen und Weichteile sterben in der Tat täglich fortschreitend, aber wir beobachten diesen Tod nicht, durch welchen der Körper dauernd hindurchgeht. Uns Menschen ist der letzte Tod wichtiger als alle früheren. Die Abnutzung unseres Körpers erfolgt durch den eisernen Prozess der Natur, gegen unseren Wunsch und ohne unseren Willen. Die Hand des erbarmungslosen Todes berührt alle Dinge - die kleinste Pflanze wie der mächtigste Baum, der winzigste Wassertropfen wie der mächtigste Felsen, verfallen alle dieser kalten Hand. Wenn wir uns an die zahllosen Millionen tierischer und menschlicher Kreaturen erinnern, die einen letzten Atemzug ausstießen und verschieden, müssen wir unserem Planeten für einen gigantischen Friedhof halten.

Somit verschwindet scheinbar alles im Rachen der Vergangenheit. Alle lebendigen Formen, auch die Planeten, selbst wenn sie Milliarden von Jahren überdauern, sind dem Wechselfluß von Leben und Tod unterstellt, Es gibt kein Entkommen aus einem solchen Fluß, der sowohl das erste wie auch das letzte Merkmal allen Daseins ist. Aber der wirkliche Tod in einem solchen Wechselprozess beständiger Zerstörung ist gleichzeitig auch der Prozess ständiger Wiedergeburt. Es ist vielmehr eine <u>endlose Bewegung von Leben</u>. Ist der Tod nicht letzten Endes der Prozess eines Wechsels, wodurch das Leben von einer Gestalt in eine andere übergeht? Wird nicht jeder Körper, der stirbt, irgendwie und irgendwo in irgendeiner Form von neuem wiedergeboren? So kreist der Lauf der Natur ohne Ende.

Wenn sie zerstört, so ist es nur, damit sie von neuem erschaffen kann. Nach der Beschaffenheit des Universums, kann der Tod nicht vom Leben und die Vernichtung nicht von der Erschaffung getrennt werden. Daß es einen Tod gibt, ist nur eine Halbwahrheit (siehe Matth. 25:34).

Diejenigen, die die Unvermeidlichkeit wiederholter menschlicher wie der Verkörperung auf Erden begreifen können, brauchen den Tod nicht zu fürchten.

Die Verbindung zwischen den verschiedenen Geburten kann am besten verstanden werden, indem man die Verbindung zwischen den verschiedenen menschlichen Altern von zwei, zwanzig, vierzig und siebzig Jahren begreift. Genau so, wie nicht behauptet werden kann, daß wir genau denselben Menschen in jedem Alter finden und doch zugegeben werden muß, daß jeder der Erbe des

Vorhergehenden ist, so ist die Reinkarnation nicht genau dieselbe wie die vorhergehende, sondern nur ihre Erbin. In jeder sind alle ihre früheren Existenzen in einer von Gott bestimmten Richtung zusammengefaßt.

Die Möglichkeit der Wiedergeburt wird wiederum durch den Spiegel des Schlafes gezeigt. Im Schlaf verschwinden wir im Traum oder in Nichtbewußtsein. Im Tod tun wir genau dasselbe. Jeden Morgen erscheinen wir wieder aus anscheinend leerem Nichts mit unsrem ganzen Intakt. Das Wunder der Wiedergeburt unterscheidet sich so nicht von dem Wunder des Aufwachens als derselbe Mensch jeden Morgen. Das Dogma unserer Christlichen Kirche, das sagt: „Ich glaube an die Auferstehung des Fleisches", hat seine vernünftige Bedeutung und in der dritten Phase der Bibel. Es bedeutet in diesem Sinne das erneute Erscheinen auf Erden. Oh, wie schön wäre es, wenn doch alle Menschen soweit in der Bibel vorgedrungen wären, daß sie Christus verstehen könnten.

Christus mußte damals zur Erde kommen, weil die Menschheit total im Materialismus verstrickt war. Er wollte der unwissenden Menschheit helfen, die die begleitenden Leiden zu tragen nicht mehr in der Lage war.

Es stellte ein ungeheures Opfer dar; eine wahrhafte Kreuzigung des Bewußtseins. Wenn Jesus „ein Mann der Sorgen" war, so war er es nicht deswegen, was die Menschen seinem Körper antaten - **nein!** sondern wegen dessen, was die materialistischen Menschen in ihrem Geist dachten. (Siehe Matth. 27:39-44).

Ist es nicht viel besser zu glauben, daß der Tod der ewige Freund des Menschen ist und nicht sein bitterer Feind? Daß er in sein Dasein aus einer wohltätigen Quelle und nicht von einem bösen Ort kommt? Ist es nicht besser zu denken, daß die Fortdauer des Menschen im Leben nicht das Rühmlichste ist, wie der Nichtbibelmensch denkt, sondern die Fortdauer des besten Lebens, während wir leben.

Der Tod erinnert den Menschen, daß physisches Wohlergehen allein niemals genügen kann und wie er ihn befreit, wenn die physischen Lasten sich als zu schwer erweisen. Wenn der Mensch seine Hoffnungen beendet,

beendet er auch seine Krankheiten und seine chronischen Schmerzen. Nach dem Wort „Liebe" ist das Wort „Tod" das am meisten mißbrauchte.

Der Mensch macht gewöhnlich viel Lärm, wenn der Körper seine Tätigkeit einstellt, aber er vergießt nie eine einzige Träne über die Millionen rund um ihn, die geistig beinahe schon tot sind. Sein Lärm ist unnötig, denn wenn er das Rätsel seines Lebens kennt, kennt er auch das seines Todes. Wenn er erkennt, daß er unendlich ist, wird er auch verstehen, daß er letzten Endes aus demselben Stoff geschaffen ist, aus dem die Wirklichkeit besteht. Es ist richtiger zu glauben, daß der Tod eine Episode im Leben ist und nicht das Ende davon. Es ist ein langer Traum und ein langer Schlaf. Die Persönlichkeit kehrt so sicher zurück wie die morgige Sonne, während das wahre Wesen weder gegangen noch gekommen ist, denn es ist ewig. Die Bibel setzt uns darüber nicht nur in Glauben und Hoffnung, sondern in feste Gewissheit. Diese Kardinalwahrheit ist heute wahr, sie war immer wahr und wird auch ewig wahr bleiben müssen. Wir werden ganz gewiss den harten Stich dieses Skorpions des Todes überleben, weil das „Ich" dem Körper nichts für seine eigene Existenz schuldet, sondern sein Leben vom Geist herleitet, der über ihm liegt, unverändert und unberührt von Tod und Geburt, dem Überselbst.

(siehe Matth. 5:: 6 - Job 4:36-38

Römer 6:22,23 - Römer 8:12 usw.)

Intermezzo

Warum erlaubt das Überselbst, daß die Sünde und das moralisch Böse in seinem Sprößling, dem Menschen, existieren? Warum erlaubt der Weltgeist (Gott), daß die Leiden und Schmerzen sein Universum entstellen? Es ist nicht zuviel gesagt, daß diese Zwillingsprobleme des Bösen und des Leidens vielleicht die ältesten sind, die jemals gerunzelten menschlichen Stirnen entgegentraten. Sie sind anscheinend so schwierig und so gigantisch, daß die meisten Antworten anscheinend nicht überzeugend waren, sonst würde sie die Menschheit heute nicht wieder erheben, genau so wie vor fünftausend Jahren, - Hier die Antwort aus der Bibel: Wenn das Kind geboren ist, zieht es seinen ersten Atem ein, indem es in Schmerz aufschreit. Fortan pflegt der Rhythmus des Einziehens und Ausstoßens seines Atems den Rhythmus von Freude und Leid zu symbolisieren, was den ganzen Verlauf seines Lebens bis zum Ende geschieht. Leben ist niemals nur Schmerz und niemals nur Vergnügen und jedermann möchte gerne in eines anderen Schuh stecken. Wir müssen den Tatsachen mutig ins Gesicht sehen und uns vergegenwärtigen, daß der göttliche Wille letzten Endes hinter dem ganzen Universum steht und folglich sogar auch hinter seinem Grauen sein muß, hinter Todesangst und Verruchtheit.

Daher lesen wir in der Genesis: „Und Gott der Herr sprach: Siehe da, der Mensch ist um Gutes und Böses zu erkennen". Denn jedem endlichen Wesen mußte ein gewisser freier Spielraum im Weltplan zugebilligt werden. Keines konnte unveränderlich auf einen völlig vorherbestimmten Bewegungsplan beschränkt werden. Das Überselbst mußte uns genau so frei lassen, um Wege der Verruchtheit zu gehen als uns zwingen, Wege der Rechtschaffenheit zu verfolgen. Ein Universum unzähliger Kreaturen, die nicht bloß Automaten, sondern Wesen waren, frei zur Entwicklung, mußte unvermeidlich ein Universum streitender Kreaturen werden. Aber die scharfen Dornen sind vermengt mit zarten Rosen.

Wenn wir Bösewichte werden können, können wir auch tugendhafte Menschen werden. Geistige Blüten und Blumen sind am Ende unsere Belohnungen für die Schmerzen, die wir erduldet haben. Außerdem, das Böse vergeht und das Gute bleibt bestehen. Es jagt der Mensch nach Wohlstand, sucht nach Liebe und versucht die vergängliche Höhe des Ruhmes zu erklimmen, während er die ganze Zeit tatsächlich das innere Wirkliche sucht.

Wenn nach langer Dauer er sein Wissen erweitert und sein Verstehen vervollkommnet, dann wird er das Zentrum seines Übels in das Zentrum seines Wohlwollens umformen. In der geistigen Entwicklung geht der Mensch nach innen und erwirkt schließlich die gesuchte Einheit, wenn er mit vollem Bewußtsein zum Überselbst zurückkehrt. Wir können versichert sein, daß der Weltgeist (Gott) den Schreckensbildern Grenzen gesetzt hat.

Übel ist schnell vergänglich. Am Ende vernichtet es sich selbst, denn es hat nur ein negatives Leben. Das Übel ist ein Mangel an rechtem Verstehen, ein entferntes Wandern vom wahren Wesen, eine unzulängliche Erfassung des wahren Lebens. Wenn Einsicht gewonnen wird und die Unzulänglichkeiten berichtigt werden, stellt das Böse seine Tätigkeit ein und verschwindet. Der Mensch, der zu seinem tiefen Kern des Seins vordringt, findet dort kein Übel. Wenn es auch Schmerz und Übel auf unserem verfluchten Planeten gibt, so wollen wir nicht daran zweifeln, daß es andere Planeten gibt, wo sie unbekannt sind.

Aber warum, wenn das Böse vergänglich ist, scheint es selbst die ganze Geschichte des Universums hindurch untrennbar gegenwärtig gewesen zu sein? Die Lehre einer historischen menschlichen Entwicklung von antiker Barbarei zur gegenwärtigen Überlegenheit ist zwar schmeichelhaft, aber grundfalsch.

Denn Wesen jeder Stufe, von der niedrigsten bis zur höchsten, erscheinen immer zu ein und derselben Zeit auf Erden und jene, die das Böse beitragen, aber sich später aus ihm heraus entwickeln, verschwinden nie völlig. Sie werden durch andere Wesen ersetzt, die später in der Zeit der Offenbarung gekommen sind. Aber einmal kommt die Stunde, da die Aufwärtsbewegung aller Menschentypen rapide wird; und von jener Stunde an wird das Böse ganz verschwinden. -

Also, warum all unsere Aufregung, um zur Vollkommenheit zu gelangen? Es ist noch eine gewaltige

Menge Zeit im Kalender der Natur vorhanden. Sie selbst scheint ja auch nicht in rasender Eile zu sein. Sie brauchte Millionen von Jahren, um bloß den menschlichen Körper zur Existenz zu bringen; wieviel mehr Zeit muß sie brauchen, um den menschlichen Geist und Charakter zur Vollkommenheit zu bringen? Die Zeit macht unsere Gemüter alt und unsere Weisheit reif. Das Leben braucht sehr viel Zeit, um seine

hohen aber verborgenen Zwecke zu erreichen. Deshalb benötigt es viele Wiedergeburten, um den Menschen zu dem zu machen, was er einst sein soll. Allein schon die Kluft, zwischen dem Menschen, der Feuersteine behaute und dem, der Geschichte formte, ist erstaunlich und nur erklärlich im Lichte wiederholter Wiederverkörperungen. Die Vervollkommungstätigkeit des Menschen wird durch diese lange Reihe erneuter Erfahrungen gesichert; aber gerade aus diesem Grunde mußte ihm seine große Freiheit gelassen werden, um sein eigenes Übel, seinen eigenen Schmerz

einzuführen. Die Beseitigung dieser Freiheit würde den inneren Wert des gesamten Prozesses vernichtet haben.

Alles scheinbar Böse ist nicht wirklich böse. Wer hat nicht irgend jemanden gekannt, der durch Krankheit von seinem schlechten Lebenswandel abgewandt wurde? Dieselbe Bedrängnis, die des einen Menschen Tugend schwächt, stärkt die eines anderen.

Auch Tränen sagen uns nicht immer die Wahrheit. In den Sprüchen steht: Das schnellste Pferd, das uns zur Vollkommenheit trägt, ist Leiden. Ein Mensch kann das erleiden, was wirklich gut für ihn ist und doch wird er weinen, als ob es in Wirklichkeit schlecht für ihn wäre. Auch zu viel Glück hat schon viele gute Menschen ruiniert. Nach unmöglichen einseitigem Glück Ausschau halten, heißt, Enttäuschung herausfordern. Stellen wir uns vor, was mit einer Hand geschehen würde, die ins Feuer gehalten würde,

wenn es keinen Schmerz gäbe. - Hier stellen wir fest, daß oft der Schmerz unser verkleideter Freund ist; ebenso ist es mit dem Leiden, wenn es uns oft den physischen Leib gerechtfertigt warnt im universalen Plan der Dinge; zum Beispiel: Strom, Blitz, Wasser, Hitze, Kälte, Gift usw.

Johannes - Evangelium

Im Anfang war das Wort und das Wort war bei Gott und Gott war das Wort.

So steht es im Evangelium des heiligen Johannes. Mit diesen Worten stürzen wir in das tiefe Wasser einer Kardinalwahrheit. Denn das Universum ist nichts anderes als das Ergebnis einer gewaltigen Idee des Weltgeistes (Gottes). Also, die ganze Welt ist nur ein gewaltiger Gedanke, gefaßt durch den Weltgeist. Worte sind der Ausdruck von Gedanken.

Ein Wort ist ein Zeichen oder ein Laut, der für einen Gedanken steht. Daher ist der Weltgeist in dem Satz des hlg. Johannes durch das „Wort" dargestellt. Geist ist die tiefste Wesenheit von allem, von jedem Gedanken vom Weltgeist, selbst abwärts.

Johannes setzt ihn deshalb dem höchsten Ausdruck, den er kennt, gleich; „Gott". Ob die Kraft, die wir den Weltgeist nennen, verborgen in der grenzenlosen und absoluten Essenz liegt, aus der heraus sie periodisch unter einem unveränderlichen Gesetz ihres eigenen Wesens entsteht oder ob sie in der Ausstrahlung eines

Kosmos aktiv beschäftigt ist, ist sie doch so untrennbar von jener Essenz, wie der funkelnde Glanz von einem geschliffenen Diamanten. Daher sagt Johannes: „Und das Wort war bei Gott". Leben und Geist sind in gewisser Hinsicht Zwillinge; und der ungeheure Strom, der sich als Energie in unzähligen und verschiedenen Formen überall im Universum offenbart, ist das Bewußtsein. Deshalb sagt Johannes weiter: „In ihm war Leben und das Leben war das Licht der Menschen". Denn der Weltgeist gibt alles Sichtbare, den sogenannten Grundstoff, sowohl Leben als auch Bewußtsein. Dieses ist jedoch nur die rein menschliche Verwendung dieser Wahrheit. Es gibt aber

auch ebensogut eine universelle. Nämlich, wenn sich das Universum zurück zur Auflösung bewegt, so bewegt sich der Weltgeist auch zurück in der Auflösung, denn der Weltgeist erscheint und verschwindet zusammen mit seiner Offenbarung. - Alles, was zwischen zwei kosmischen Zyklen übrig ist, ist nur seine Wesenheit, absoluter Geist.

Die Entfaltung oder Entwicklung des Universums ist wirklich die Offenbarung des Weltgeistes selbst. Darum sagt Johannes: „Alle Dinge wurden durch ihn geschaffen". Bevor ein kosmischer Zyklus beginnt, existiert buchstäblich nichts; keine Formen irgendwelcher Art und kein bewußtes Wesen. Dies kann symbolisch dargestellt werden durch die Finsternis der Nacht. Der Beginn eines Zyklus würde dann durch das Aufgehen der Sonne symbolisiert werden und seine Tätigkeit durch das Licht des Tages. - Es gibt nun nichts außer unseren eigenen Beschränkungen, um diesen Ausweitungsprozess aufzuhalten, der in alle Unendlichkeit und Ewigkeit in unserem Bild vor sich geht. - Wenn auch diese Dinge nur symbolisch sind, so besteht doch eine bestimmte echte Wirklichkeit in dieser Darstellung. Denn die schöpferische Energie des Weltgeistes ist eine ungeheure Kraft, als deren gröberen Offenbarungen wir die verschiedenen Energien der physischen Welt kennen.

Licht ist die erste dieser Energien. Sie sind tatsächlich seine Ausstrahlungen. Die feurigen Nebel und die atmosphärische Elektrizität werden lt. wissenschaftlicher

Forschungen) von diesem ursprünglichen Licht erzeugt. Im Anfang heißt hier, die Ankündigung über die Welterschaffung. Was der Hlg. Johannes das „Wort " nennt, ist somit auch das Licht gemeint, denn da Gott auch Licht ist, hat er ja die Welt aus seiner eigenen Substanz erschaffen.

Das heißt, aus seinem eigenen Gedanken und der Gedanke wird Licht. Danach ist es auch das einzige in der ganzen Schöpfung, was tätsächlich der Gottheit am ähnlichsten ist. Nach Johannes ist diese immerleuchtende Energie die unerschöpfliche Strahlung aus der letzten Wirklichkeit der Weltgeistes (Gott). Er ist das ursprüngliche Licht, von dem unsere Sonne nur einen ganz kleinen Ausdruck bildet. Die experimentierenden Wissenschaftler kennen heute die verschiedenen Strahlungen des Lichtes und stellen in ihren Laboratorien fest, daß das Licht in seiner letzten Analyse niemals ganz erfaßt werden kann, sondern nur soweit es von der Strahlenbrechung definierbar ist.

Wenn wir uns anstrengen, so weit nach außen zu denken, wie wir möglicherweise können, indem wir uns die gewagteste Länge universaler Existenz vorstellen, so wird die Länge, die übrig bleibt, immer noch so grenzenlos gewaltig sein wie zuvor. Aus dem vorhergehenden Satz ersehen wir, daß alle Deutungen für „unendlich" nur Ausdruck für aber niemals Erschöpfung für den anfanglosen und endlosen Charakter der „Unendlichkeit".

Das gewaltige Johannes-Evangelium ist viel leichter zu verstehen, wenn wir verstehen, was sich in unseren Träumen ereignet. All die Traumgestalten, Ereignisse und Dinge sind schließlich nichts anderes als die einzige Wesenheit „Geist", aus dem sie konstruiert und für den sie sichtbar gemacht wurden. Der Geist herrscht im Traum ganz allein und es gibt in der Zeit kein anderes Ding, was hier mitspielt, als nur der - Geist -. Daher muß der Traum als <u>Wirklichkeit anerkannt</u> werden; aber die Meinung, daß der Traum <u>eine Einbildung sei, aufgegeben werden.</u> -

Wenn wir zum niedrigen Standpunkt hinabsteigen und unsere Erlebnisse im Traum ablehnen, dann geben wir damit zu, daß in uns noch kein Licht eingedrungen ist und folglich können wir dann überhaupt keinen Begriff von Licht haben. Wenn wir aber höher hinaufsteigen und das Überselbst allein betrachten, dann sehen wir, daß die Welt im Wesen von ihm nicht verschieden ist. Dann haben wir das wahre Licht in uns begriffen und folglich kann in uns dann keine Finsternis mehr sein. Denn da ja Gott in uns Licht ist, begreifen wir auch, daß unser höheres Selbst „Gott" vom wahren Gotte und Licht vom wahren Lichte ist."

Was ist Gnade?

Sie ist ein Abstieg des Überselbstes in die Zone des Bewußtseins. Sie ist der Besuch einer Kraft, so unerwartet und so unvorhergesehen, wie er willkommen und erfreulich ist. Sie ist eine ungesehene Hand, die aus der Weltdunkelheit her vorgestreckt wird, in der wir mit unsicheren Füßen tappen. Sie ist die Stimme des Überselbst, die plötzlich aus der kosmischen Stille spricht, von der wir umgeben sind. Sie entsteht aus der glaubenden Hoffnung, die dann erscheint, wenn alles verloren scheint. Gnade ist eine mystische Energie, ein aktives Prinzip, das dem Überselbst angehört, das gleicherweise Resultate hervorbringen kann in den Feldern menschlichen Denkens, Fühlens, Handelns und Erlebens. Sie ist der kosmische Wille, nicht bloß ein frommer Wunsch. Sie kann echte Wunder unter ihren eigenen Gesetzen vollbringen. Die Blume verbreitet ihren Duft über alle, die sich ihr nähern. Das Überselbst ist nicht weniger edel als die Blume und wird nicht seine Gnade von irgend jemand bloß deshalb zurückhalten, weil er nicht ein Zeugnis moralischen Wertes hat. Die

Schwachen werden von ihr gestützt, die Betrübten getröstet.

Die Gnade erscheint zu ihrer Zeit. Sie kommt plötzlich und unerwartet. Sie ist ein Geschenk. Die Gnade kann in einer unmißverständlichen Art gefühlt werden, nachdem der Mensch gedemütigt, gezüchtigt und bescheiden gemacht wurde. Nichts als äußerste Demut gegen dieses höhere Selbst wird die schwere Sperre heben, die uns am Torweg in die Königskammer entgegentritt, worin sie wohnt.

Deshalb kann es sich niemand leisten, die Gnade von seinem Leben auszulassen oder sogar zu trennen. Auch kann es sich niemand leisten, die Sehnsucht nach ihr zu übergehen. Niemand braucht zum Beten zu stolz zu sein. Das Gebet soll von niemandem verachtet werden, denn wir setzen die Kraft des Überselbst herab, wenn wir diese Feststellung nicht annehmen. Solange wir unvollkommen sind, ist es nötig zu beten; ebenfalls, solange wir irgend einen Mangel leiden. Sogar der vollkommene und wunschlose Mensch kann für andere beten. Aber ein Beten zu einem nichterkannten Wesen oder zu einem körperlichen Gott kann keine anderen Resultate bringen als den eigenen Trost. Dagegen Reue und Wiedergutmachung sind die allbedeutenden Faktoren, die ein Gebet erfolgreich machen können, wenn es mit tiefem Glauben und Hoffnung ans Überselbst gerichtet wird. Das Gebet kommt zu seiner schönsten Blüte und Entfaltung, wenn es drei kurze Worte äußern kann:

„Dein Wille geschehe". Die Anstrengungen, das Bewußtsein zu dem höheren Selbst zu erheben, muß gleichzeitig erfolgen. Der Erfolg mag vielleicht augenblicklich sein, aber in jenem wunderbaren Augenblick wird der Satz eine wahre Bedeutung annehmen. Seine innere Äußerung wird auf einer höheren Ebene gehört werden. Dann - und nur dann - wird die Gnade herabsteigen, um zu ermöglichen, daß die Last getragen werden kann. Von dem Augenblick an, wo der Mensch die unfaßbare Zwischenbeziehung von Mensch und Gott empfindet und einwilligt, mit der universellen Ordnung zu wirken, wird er den göttlichen Frieden kennen. Tatsache ist, daß die Gnade so frei vom Himmel fällt wie Tau, aber die Menschen nehmen sie nicht auf, weil das Gefühl der Hoffnung oft zu mangelhaft ist. Trotzdem sagt die Bibel: „Die Gnade fällt nicht auf das

Haupt des Gerechten". Das heißt, sie kommt meistens unverdient.

Wahrlich, wahrlich, ich sage Euch, wenn Ihr nicht im Geiste wiedergeboren werdet, so könnt Ihr in das Himmelreich nicht eingehen (Christus)

Das Gesetz der Reinkarnation

Diese plumpe Welt aus einfachen Elementen zusammenzusetzen und sie dann viele Millionen Jahre lang einfach nur in den Strahlen der Sonne rollen zu lassen, hätte Gott sicherlich wenig Spaß gemacht, wenn er nicht den Plan gehabt hätte, sich auf dieser Unterlage eine Pflanzschule für eine Welt von Geistern zu gründen. So ist er fortwährend in höheren Geistern wirksam, um die geringeren heranzubilden. Die Bibel sieht das Dasein des Menschen nicht nur über den Tod hinaus, sondern in die Zukunft der neuen Geburt auf endlos und ewig verlängert. Sie gibt uns in ihrer geheimen Offenbarung die innere Unsterblichkeitsgewissheit und der Reinkarnation. Reinkarnation heißt „Wieder-Einkörperung" der Seele in immer neue Erdenleiber zum Zwecke immer größerer Vervollkommnung. Der Bibelleser muß diese erhabene Lehre, weil sie Christus predigt, mit Kopf und Herz gleichmäßig bejahen.

Christus brachte diese Lehre sehr vorsichtig, weil die Menschen in der damaligen Zeit noch so dumm waren, daß sie z.B. nicht einmal glaubten, daß Steine vom Himmel fallen könnten. Weil sie an den Himmel glaubten, der das Universum ausmacht, so stellten sie geradezu die Lehre von Christus kopf. Denn Christus lehrte ja das wahre Himmelreich im Menschen. Wenn man aber mit der Bibel und der Lehre Christi identisch denkt, so muß man sich doch unweigerlich fragen: „Warum sollte ich nicht so oft wiederkommen, als ich neue Kenntnisse und neue Fähigkeiten zu erlangen geschickt bin?

Bringe ich denn auf einmal so viel weg, daß es der Mühe, wiederzukommen, etwa nicht lohnt? Was habe ich denn zu versäumen? Ist nicht die ganze Ewigkeit mein?"

In der ganzen Natur kennt man diesen Kreislauf überall, in ihr gilt auch das Gesetz der Periodizität: „Einatmen, Ausatmen, Frühling, Sommer, Herbst, Winter, Morgen, Abend, Nacht, Geburt, Leben, Tod, Leben".

Auch die menschliche Seele unterliegt diesem Kreislauf so wie des Pendels zwischen Ebbe und Flut. Ein Beispiel: „Draußen regnet es. Millionen Tropfen fallen zur Erde, immer neue Millionen und Milliarden. Unendlich scheint ihre Zahl. Und in den nächsten Wochen oder Monaten werden abermals Regentropfen zur Erde fallen. Sind dies denn neue Tropfen? Sind es nicht vielmehr immer wieder die alten, die ihren Kreislauf - vom Bach zum Fluß, zum Strom, zum Meer, zur Wolke und wieder zur Erde - abermals und abermals machen?

Mit den Menschen ist es nicht anders. Die Zahl der von Anfang bis heute über die Erde geschrittenen Menschen scheint unendlich; in Wirklichkeit ist es aber wie beim Regentropfen; periodisch kehren dieselben Seelen wieder. Die Zahl der auf Erden sich verkörpernden Menschenseelen ist eine begrenzte. Es sind schließlich immer die gleichen Seelen, die ihrem gesetzlichen Kreislauf folgen. - Zwar muß man annehmen, daß die Zahl der unverkörperten Seelen weit größer ist als die Zahl der heute auf Erden verkörperten. Dieses Erdenleben ist nur ein Glied in einer gewaltigen Daseinskette.

All unser Kommen ist nur ein Wiederkommen und alles Geborenwerden ist ein Wieder-Geborenwerden. Alles was ist, ist früher schon gewesen und wird auch in Zukunft wieder sein. Es ist das ewige „Stirb und Werde!"

Wie eine Schnur von Perlen reihen sich die einzelnen Leben der Seele aneinander.

Wenn die Bibel schreibt, daß alles, sogar der Stein noch erlöst werden soll, so ist es das Ziel Gottes, in der Evolution und zur Harmonie der Welten die Vervollkommung aller Wesen, bis sie zum Einssein mit dem Göttlichen erwacht sind.

Wir sind Kinder des Alls, die auf die Erde kommen, um an immer neuen Erdenschultagen wieder und wieder an unserer Vervollkommnung zu arbeiten. Wir sind Weltenwanderer, die sich, solange dies für unsere Höherentwicklung förderlich ist, wieder und wieder auf Erden verkörpern.

Ein Mensch kann sich immer nur nach oben entwickeln, wenn er auch innerhalb des Menschenreiches rückfällig werden kann. Dagegen kann der Tier-Körper nicht die Grundlage zur fortschreitenden Weiterentwicklung haben wie ein Menschenkörper, folglich auch keine Tierseele eine vollkommene göttliche Offenbarung erfahren.

Wenn dieses genau ein Mensch erkennt, so reicht das Band der Liebe zwischen Gott und Mensch soweit über den sogenannten Tod hinaus, daß das, was hier in Liebe vereint war, sich wieder und wieder in gemeinsamer Pilgerfahrt finden und sich aufs neue vereinen kann; ja vielleicht sogar wird.

Wir werden die, die wir lieben und deren Verlust wir heute beweinen, in anderen schöneren Leben diesseits und jenseits der Todesschranken wiedersehen. Ebenso kann das, was sich heute trifft, schon früher vereint gewesen sein. Denn man muß immer bedenken, daß Gott ja die Liebe ist. Vielleicht sehen wir uns auch in kommenden Äonen unter vollkommeneren Verhältnissen wieder, in einer Welt, die in unseren Idealen von heute Wirklichkeit sind". Das braucht nicht unbedingt auf dieser Erde zu sein, denn die Seele wird sich nach den ihr innewohnenden Gesetzen und in der Richtung des geringsten

Widerstandes wohl immer dort verkörpern, wo sie sich am zweckmäßigsten der Vollkommenheit zu nähern vermag, ohne natürlich eine Stufe überspringen zu können.

Wie lange die Zwischenzeit zwischen den einzelnen Verkörperungen liegt, kann nur das selbstgeschaffene Schicksal bestimmen, denn wir können nicht eher wiederkommen, als bis in der jenseitigen Welt unser letzter Heller durch Erkenntnis bezahlt ist. Sie kann, wie Christus zeigt, zwischen 3 Tagen und 2000 Jahren betragen.

In dieser Zwischenzeit macht die Seele eine vielgestaltige Entwicklung durch, teils eine Kristallisation, Entfaltung, innere Ausgleichung und Vervollkommnung. Es werden die gesammelten Eigenschaften, Charakterzüge, Fähigkeiten, Anlagen und Neigungen kristallisiert, die uns später wieder in Verhältnisse ziehen, wo sie sich am besten auszuwirken vermögen. Wahrscheinlich ist das Verhältnis beim Normalmenschen, der jenseitige Aufenthalt weit länger als der irdische. Jedoch Tod und

Geburt wechseln wie Tag und Nacht, denn jedes Erdenleben ist ein kosmischer Tag.

Eine direkte räumliche Entfernung zwischen diesseits und jenseits liegt nicht vor, denn beide Welten durchdringen einander; sie sind ja nur verschiedene Bewußtseinsformen des gleichen Seins.

Wenn die Sonne abends untergeht, wissen wir bestimmt, daß sie am nächsten Morgen wieder aufgeht und genau so sollten wir wissen, daß dem Abend des Todes der Morgen einer neuen Geburt folgt. Der Tod ist nur eine Wieder-Entkörperung, die neue Geburt eine neue Wieder-Einkörpenmg. Darin besteht die Gerechtigkeit Gottes, die er in der gerechten Verteilung der geistigen Güter zwischen Glück und Unglück, die ja von der Welt aus als ungerecht erscheinen müßte; daß Gott uns angesichts des Todes tröstet und die Erkenntnis gibt, daß wir selbst unser Schicksal zu bestimmen vermögen.

Alles Vergängliche am Menschen ist nur einmalig, nur das Unsichtbare, unsterbliche in uns ist ewig und tritt in immer neuen Gestalten auf der Bühne des Lebens auf.

Körper, Name, Beruf, Wissen und Besitz sind endlich und vergehen im Tode; nur das höhere „Ich" wird durch den Tod nicht berührt. Das ist der Unterschied zwischen den äußeren vergänglichen Erdenmenschen und den inneren unvergänglichen Geistesmenschen, also den ewigen Menschen.

Was dieser Erde angehört, muß wieder vergehen, denn es kann der Seele nicht in höhere Reiche folgen. Es ist nur der verwesliche Boden, in dem der unverwesliche Samen wächst, die Seele.

Der innere geistige Mensch, der im irdischen Menschen wohnt, ist im Vergleich zu ihm ein Gott. Wir sind also wahrhaft wandernde Götter. Der irdische Mensch ist ein Geschöpf dieses Planeten, der ewige Mensch aber ist ein Bürger des Himmels. Christus sagt:

„Der Geist Gottes im Menschen".

Die Bibel drückt das Gesetz von „Ursache und Wirkung" immer wieder in anderen Gleichnissen und Bildern aus; zum Beispiel hier mal: „Was der Mensch sät, das wird er auch ernten". Diese Saat ist die Summe der Bedingungen des eigenen Lebens, deren Früchte wir im nächsten Leben ernten. Es ist dieses das große eherne Gesetz, nach dem wir alle unsere Daseinssaat im Leibe, als Schicksal unserer Zukunft mit hinüber nehmen.

Diese sind Ursachen unserer Gedanken, Wünsche, Begierden, Leidenschaften und Handlungen unseres Erdenlebens. Unser Glück und Unglück hängt also immer von unserem früheren Denken, Wünschen und Tun ab, ebenso die Zeit unserer nächsten Geburt, der Ort, das Volk, in der wir wiederum erscheinen.

Unsere Wieder-Verkörperung kann sich sowohl als männlich wie auch als weiblich zutragen, weil die Seele ungeschlechtlich ist, also zweipolig, negativ und positiv. Somit hängt unsere nächste Wiederverkörperung davon ab, in welcher Form unsere Seele die zu erarbeitenden Fähigkeiten am besten zu gewinnen vermag. Alle diese Elemente sind in uns, nicht außer uns. Unser Schicksal hängt nur von uns ab, also wählen wir alle unsere Zukunft seit Ewigkeit selbst.

Niemand zwingt uns ein Elend auf oder ein Glück, sondern wir schaffen es selbst und bestimmen auch selbst ihre Dauer. Sogar steht in den Sprüchen: „Das Böse wirkt vergiftend und der Pfeil der Bosheit prallt zurück auf seinen Schützen und schlägt ihm Wunden, die solange nicht heilen als Zorn und Hass in seinem Herzen sitzen."

Auch sagt die Bibel: „Die Sünden der Väter werden heimgesucht werden an den Kindern bis ins dritte und vierte Glied, die guten Taten aber bis ins tausendste Glied". Gott läßt in seiner unendlichen Liebe aber nicht unschuldige Kinder leiden für die bösen Taten der Väter - sondern - wir selbst sind die „Väter" unserer Taten und auch die „Kinder", die später die Auswirkungen empfangen. Die Glieder sind also Glieder unserer Lebenskette, und diese Kette reißt nicht bis das Wort Christi erfüllt ist:

„Du wirst nicht von hier kommen bis das alles bezahlt ist". Wir haben uns also zu dem, was wir heute sind, durch unsere eigenen guten und schlechten Gedanken, Taten usw. selbst gemacht. Und so bauen wir immerfort an unserer eigenen Zukunft und wir werden in der Zukunft über die Kräfte verfügen, die wir uns an Lebensstärke jetzt erwerben. Somit sind wir also nach dem Worte Gottes unsere eigener Erbe.

Gott umfaßt alle Wesen mit gleicher Liebe und wir sind von ihm aus frei, zu tun was wir wollen. Aber wir Menschen umfassen ihn nicht mit gleicher Liebe, sondern wenden unsere Sinne dem entgegen, was wir „irdisches Glück" nennen. Wir machen von unserem göttlichen Erbteil alle einen verschiedenen Gebrauch; denn jeder ist seines Glückes Schmied; sogar über den Tod hinaus.

Für denjenigen, der an Christus glaubt, ist es eine befreiende Erkenntnis zu wissen, daß wir unsere Schicksal über Jahrtausende hinweg in der Hand halten und durch unser heutiges Denken und Tun unsere Zukunft bestimmen. Paulus sagt: „Wir sind unser eigenes Gesetz"; und im Kolosserbrief sagt Paulus wiederum: „Wir selber sind die Wirker unserer Zukunft und der Christus in uns ist das Geheimnis unserer Erlösung".

Wir selbst haben uns unsere Ketten geschmiedet; wir selbst müssen sie zerreißen. Wir selbst haben unsere Harmonie mit dem Unendlichen zerstört; wir selbst müssen sie wieder herstellen. Wir sind wirklich Kinder Gottes und wir müßten daher unser Leben immer mehr nach den uns innewohnenden Harmoniegesetzen gestalten.

Ein hochentwickelter Geist wird demnach wohl auch nur in einem hochkultivierten Volke inkarnieren. Vervollkommnet sich ein Mensch in diesem Leben, so tritt er eben vollkommener in ein nächstes über; denn jede Seele hat die Möglichkeit, von Leben zu Leben reiner, reifer, besser, weiser, glücklicher, lichter und vollkommener zu werden.

Wenn also nun der Erdendaseinsdurst des Menschen erloschen ist, indem er auf der Erde nichts mehr lernen kann und seine Seele ihr kosmisches Abitur erlangt hat, so ist sie berechtigt, zu höheren Ebenen des

Seins emporzusteigen. Es liegt also ganz beim Menschen selbst, schon dieses Leben zu seinem letzten irdischen Dasein zu machen. Das wäre aber nur möglich, für denjenigen, der den letzten Sinnesmenschen abgelegt hat und nur noch in höchster Erkenntnis der Wahrheit lebt.

Solche erleuchteten Menschen haben zu allen Zeiten auf Erden gelebt. Es ist erstaunlich, wieviel die Bibel in ihrer geheimen Offenbarung darüber berichtet und die Weisen sind deshalb nicht bestürzt. Zum Beispiel einige Aufführungen:

"In Matth. 17:9-13, in Hiob 14:13-17, Hiob 19:23-27, Prediger 5:14, Prediger 3:14-15, Matth. 11:12-15, Markus 6:14-16, Lukas 9:7-9, Johannes 9:1-2, Matth. 5:25-26, Johannes 4:36-38, Römerbrief 8:9-11, Korinther 9:6, Galater 6:7 usw."

Christus lehrt, daß wir im Geiste wiedergeboren werden müssen, um das ewige Leben der Vollkommenheit wie der Vater zu erlangen. Was sollte wohl die Seele eines Übel-täters, der doch oft nur ein Opfer der Gesellschaft ist, machen, wenn sie nicht die Möglichkeit hätte, in kommenden Leben wieder gutzumachen, wo sie fehlte.

So wird die geheime Offenbarung der Reinkarnation allmählich ein tief christlicher Vorstellungskomplex, der berufen ist, nach und nach die ganze Christenheit zu durchdringen.

Der hlg. Hieronymus schreibt in seiner Schrift, daß die Reinkarnationslehre auch in den ersten paar hundert Jahren der früheren Christenheit als nur geheim gelehrt und nur den Befähigten und Auserlesenen mitgeteilt wurde. So z.B. wurde den gemarterten Christen während des Sterbens von ihren Glaubensgenossen zugerufen und gesungen:

„Es leiht mir wunderbare Stärke, die Zuversicht, daß nimmermehr ich sterbe, daß ungehemmt ich heilige Werke vollbringe, ob auch mein Leibe verderbe."

Auch das Leben der Heiligen berichtet uns von der hlg. Theresia (Französin), daß sie im 19. Jahrhundert ausdrückte, als sie sterbend auf ihrem Bette lag: „Die Seligkeit des Himmels reizt mich nicht, ich will meinen Himmel in Gutes tun wieder auf dieser Erde verbringen. Mein Wunsch ist es, hier auf Erden wieder zu wirken. Würde Gott mir dieses immerwährende Verlangen, Gutes auf Erden zu tun, denn nach meinem früheren Tode gegeben haben, wenn er nicht gemeint hätte, daß ich es erfülle?"

Wenn man die Entwicklungsgeschichte der Menschen aus der Bibel verfolgt und hieraus die Schlüsse der Reinkarnation zieht, dann darf man wohl annehmen, daß diese geheime Offenbarung immer mehr den denkenden

Menschen anspornen wird, sein Leben auf Erden danach zu richten.

Es ist ein wunderbares Gefühl zu wissen, daß es einmal einen letzten Erdentod gibt, der nicht zu zeitweiliger sondern zu völliger Befreiung vom Rade der Wiederverkörperungen führt. Wer Gott in sich wirklich erkannt hat und so sich selbst gefunden hat, der hat sich aus diesem Kreislauf ausgeschaltet; für den gilt das Wort: „Wer zur Vollendung gelangt ist und nichts mehr fürchtet, wer ohne Daseinsdurst und ohne Sünde ist, der hat seinen letzten Körper angetan, *der ist frei!*

Widmung

*Ich widme dieses Buch meinen Eltern, Jürgen Glahn
und Helga Glahn, geb. Lindt.*

*Denen ich mit der Veröffentlichung dieses Buches
danken möchte für das Heran führen an eine spirituelle
Gesinnung und eine positive Auffassung des Lebens.*

*Ich danke Euch dafür, dass ihr mir die Werte vermittelt
habt, die für ein spirituelles Leben wichtig sind und
einen in schweren Stunden des Lebens nicht
verzweifeln lassen, sondern Halt geben.*

In Liebe

Eure Vera

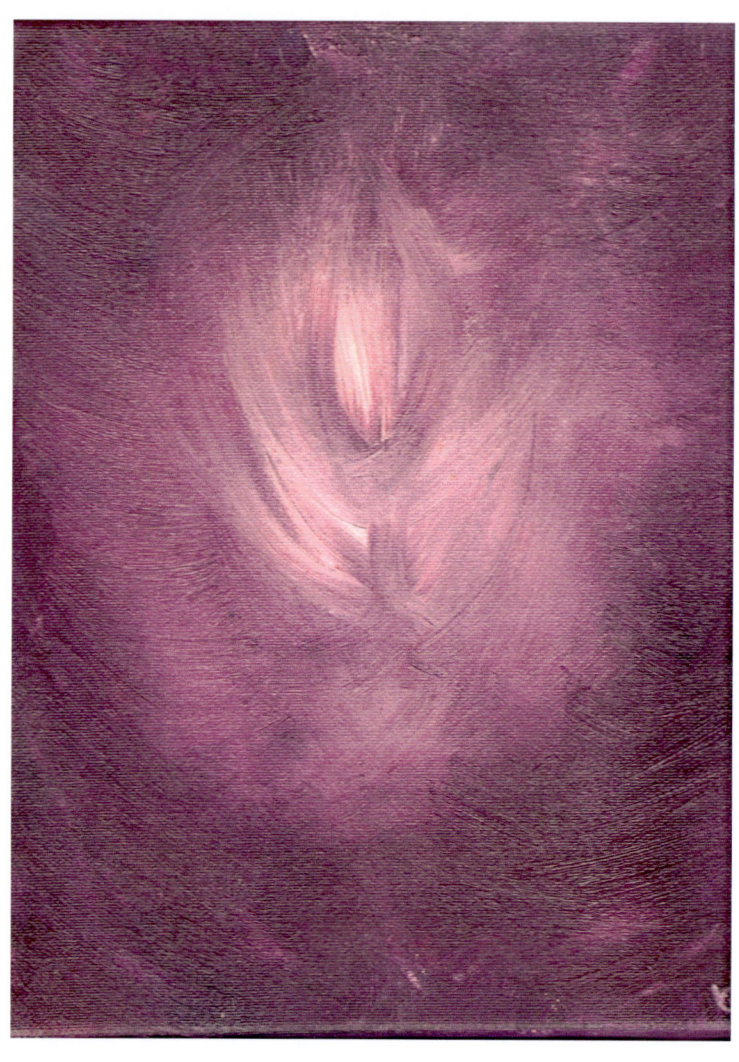

Acrylbild von Vera Reinhardt-Glahn

Notizen